교과서 한자어 1학년

어린이 훈민정음을 위한 **초등학교 1학년 국정교과서**

교과서
한자어

(사)훈민정음기념사업회 책임편집

1학년

개정 교육과정 최신판 교과서 철저 분석!
어린이 훈민정음과 교과서 한자어를 동시에!
(사)훈민정음기념사업회•문화체육관광부 산하

가나북스

어린이 훈민정음을 위한 **초등학교 1학년 국정교과서**

교과서 한자어 1학년

발 행 일 | 2024년 5월 5일 초판 1쇄
지 은 이 | 박재성
책 임 감 수 | 김진곤
편 집 위 원 | 김보영 박화연 박희영 이도선
발 행 인 | 배수현
디 자 인 | 천현정
펴 낸 곳 | 가나북스 www.gnbooks.co.kr
감 수 처 | 사단법인 훈민정음기념사업회
출 판 등 록 | 제393-2009-000012호
주 소 | 경기도 파주시 율곡로 1406
전 화 | 031)959-8833(代)
팩 스 | 031)959-8834

ISBN 979-11-6446-103-5(63710)

1학년 '국어' 교과서에 '소개'라는 낱말이 나옵니다. 무슨 뜻일까요? 이러한 어려운 한자어 때문에 어린이 여러분들이 선생님께서 가르쳐주시는 내용을 바로 이해하지 못하고, 교과서를 읽어도 무슨 뜻인지 몰라 학교 수업이 재미가 없고 어렵다고 느꼈던 경험이 많을 것입니다.

이 '소개'라는 낱말을 만약 선생님께서 '소개(紹介 : 잘 알고 있지 못하거나 알려지지 않은 것을 설명하여 알려 줌)'라고 한자로 함께 적어서 가르쳐 주셨더라면 '소개(疏開 : 적의 공습이나 화재 따위에 대비하여 한곳에 집중된 주민이나 시설물을 분산시킴)'인지 '소개(疏槪 : 상소한 글의 줄거리)'인지 낱말의 의미를 시각적으로 생각할 수 있어서 여러분들은 교과서 내용을 좀 더 빠르고 정확하게 이해할 수 있게 되어 어휘력이 좋아지면서 교과 학습능력도 지금보다 더 많이 향상될 수 있었을 것으로 생각합니다.

그래서 세종대왕께서는 우리 말을 더 쉽고 정확히 익힐 수 있도록 훈민정음을 만들어 주셨습니다. 이에 2022 개정 교육과정 최신판 초등학교 교과서에 실린 한자어를 철저히 분석하여 쉽게 이해하고 활용할 수 있는 『초등교과서 한자어 학습서』를 출간하였습니다.

어린이 훈민정음을 위한 교과서 한자어 공부는 다섯 가지 즐거움 즉, 오락(五樂) 공부입니다.

오락(五樂)이란? ①수업이 즐거운 「受業樂(수업락)」, ②학교가 즐거운 「學校樂(학교락)」, ③자녀가 즐거운 「子女樂(자녀락)」, ④부모가 즐거운 「父母樂(부모락)」, ⑤가정이 즐거운 「家庭樂(가정락)」의 다섯 가지[五] 즐거움[樂]입니다.

뿌리가 튼튼해야 열매가 풍성합니다. 대한민국의 미래를 위해서라도 어린이 훈민정음을 위한 교과서 한자어 학습은 문해력을 높여주는 특별한 학습법이 될 것입니다.

◀ ◀ ◀ ◀ ◀ ◀

　어린이 훈민정음을 위한 『초등교과서 한자어 [1학년]』학습서는 초등학교 국정교과서 과목에 실린 한자어를 완전히 분석한 자료를 바탕으로 학교 수업과 직접 연결되게 하여 우리 어린이들이 재미있고 쉽게 교과서 한자어를 익힐 수 있도록 특별 비법으로 집필하였습니다.

　아무쪼록 이 책으로 공부하는 우리 어린이들이 교과서의 내용을 보다 더 빠르고 정확하게 이해하는 데에 도움이 되고, 나아가 즐거움 속에서 학습하고 마음껏 뛰놀면서 많은 지식을 갖춘 글로벌 인재로 성장하는 데에 보탬이 되기를 소원합니다.

사단법인 훈민정음기념사업회 이사장/교육학박사 박 재 성

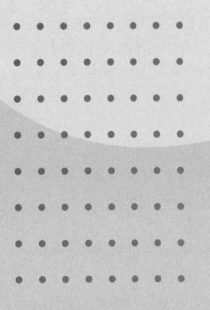

이 책의 특징

이 책은 2022 개정 교육과정에 맞춘 최신판 초등학교 1학년 국정교과서에 실린 한자어를 분석하였기 때문에 해당 학년의 교과서(국어, 수학, 바른생활, 슬기로운 생활, 즐거운 생활)에 나오는 한자어의 뜻을 쉽고 정확하게 이해하여 교과 학습능력도 향상될 수 있도록 어린이를 위한 훈민정음으로 교과서 한자어를 편집하였습니다.

1 1학년 교과서의 내용에 사용된 모든 한자어를 철저히 분석하였습니다.

2 국어, 수학, 바른 생활, 슬기로운 생활, 즐거운 생활 순서대로 한자어가 중복되지 않도록 배열하여 학교 수업과 직접 연관된 학습 교재가 될 수 있도록 편집하였습니다.

3 각 단원의 한자어마다 낱말을 구성하는 한자의 훈과 음은 물론 어휘의 뜻까지 노래 가사로 구성하여 누구나 노래만 부르면 저절로 외워질 수 있는 아주 특별한 학습방법을 고안하여 집필하였습니다.

4 각각의 한자어마다 단어 구성의 원리를 밝혀서 무조건 외우게 하는 책이 아니라 학생 스스로 쉽게 이해하고 재미있게 활용할 수 있는 스스로 학습법 교재가 될 수 있도록 편집하였습니다.

5 각각의 한자어마다 스스로 학습법을 채택하여 스스로 익힐 수 있도록 하여 생활 한자어 학습서의 기능은 물론이고, 개인 가정교사 역할도 할 수 있도록 편집하였습니다.

6 한자어마다 '암기비법' 방식으로 간단명료하게 한자어의 원리를 터득하고 바로 암기될 수 있는 연상기억 학습법을 도입한 특별한 교재로 편집하였습니다.

7 5개의 한자어를 학습한 후 반복 학습을 통해 자신도 모르는 사이에 저절로 외워질 수 있도록 교과서 한자어를 어린이를 위한 훈민정음으로 편집하였습니다.

8 논술의 기본이 글씨체임을 생각하여 한자어마다 바르게 예쁜 글씨 연습을 할 수 있도록 경필 쓰기 칸을 두어 글씨본의 기능도 첨가하였습니다.

교과서 한자어 학습법

한자 공부뿐만 아니라 모든 학습의 기본은 반복 학습이 최고입니다. 특히 인간은 태어나면서부터 반복하는 생활 방식을 익혀야 하는 특징을 지녔습니다.

바로 이 『초등교과서 한자 어휘 [1학년]』 학습서는 각 페이지를 차근차근 넘겨 가면서 반복 학습하다 보면 자신도 모르게 한자 낱말이 저절로 익혀지는 특수 학습법으로 구성되었습니다.

첫째, 5개의 한자어 한글 가사를 여러분이 알고 있는 4분의 4박자 동요 곡에 붙여 노래를 불러봅니다. 예) 금강산, 봄비, 뻐꾸기, 초록바다, 썰매, 한글날 노래 등

둘째, 이번에는 한글 가사 부분을 안 보이게 다른 종이로 가리고서 그 아래에 있는 한글과 한자로 섞어 쓴 가사를 다시 잘 보면서 노래를 불러봅니다.

셋째, 한자 낱말을 구성하고 있는 한자의 훈[訓 : 새김]과 음[音 : 한자의 음]을 큰 소리로 여러 차례 읽어봅니다.

넷째, 학습할 한자어의 [암기비법] 풀이를 큰 소리로 여러 차례 읽어봅니다.

다섯째, 학습할 한자어의 [사전풀이]를 큰 소리로 여러 차례 읽어봅니다.

여섯째, 한자 낱말이 사용된 예문을 읽고서 한자 어휘의 독음을 예쁘게 경필로 써봅니다.

일곱째, 거꾸로 된 한자의 훈과 음을 예쁘게 경필로 써봅니다. 거꾸로 된 한자는 사진을 찍을 때 피사체가 거꾸로 보이는 원리를 응용한 두뇌 기억법이랍니다.

여덟째, 한자어가 쓰인 문장을 읽고서 한자어를 예쁘게 경필 글씨를 써봅니다.

아홉째, 한자어 5개를 익힐 때마다 「다시 한번 해 봐요.」쪽에서 1번부터 5번까지 차근차근 따라서 배운 실력을 스스로 확인해 봅니다.

열째, 「초등교과서 한자어 평가 문제」를 스스로 풀어보고 해답을 보면서 자신의 교과서 한자 어휘 실력을 점검해 봅니다.

목차

II. 수학

III. 바른 생활

飮食親前(음식친전)이어든 毋出器聲(무출기성)하라

어버이 앞에서 음식을 먹을 때에는,
그릇 소리를 내지 말라. 《인성보감》

국어

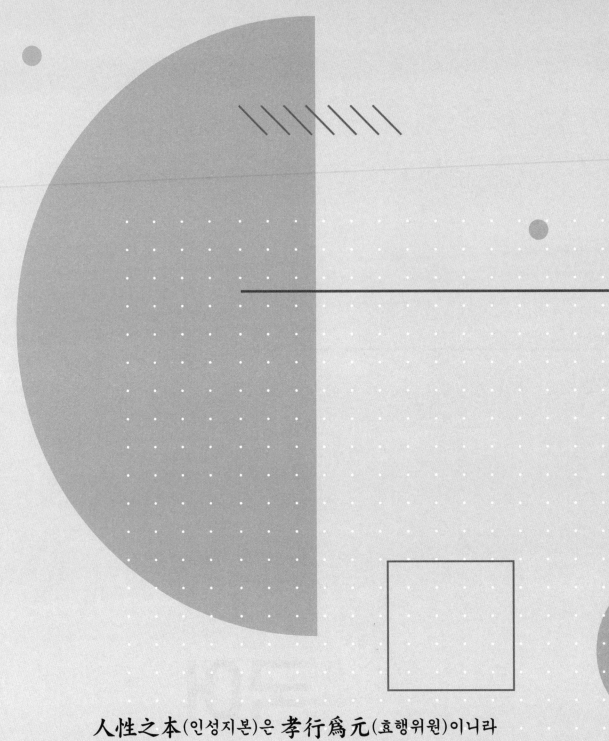

人性之本(인성지본)은 孝行爲元(효행위원)이니라

인성의 근본은,
효를 행함이 으뜸이 된다. 《인성보감》

1.	공부(工夫)	학문이나 기술을 배우고 익힘.
2.	국어(國語)	한나라의 국민이 쓰는 말.
3.	내용(內容)	그릇이나 포장 따위의 안에 든 것.
4.	농부(農夫)	농사짓는 일을 직업으로 하는 사람.
5.	동물(動物)	사람을 제외한 짐승 따위를 통틀어 이르는 말.

📍 한글로 된 가사를 노래로 부르면 한자어의 뜻이 쉽게 이해돼요.

장 인 공 에	사 내 부 는	배 워 익 힘	공 부 란 뜻
나 라 국 에	말 씀 어 는	나 랏 말 씀	국 어 이 며
안 내 에 다	얼 굴 용 은	사 물 속 내	내 용 이 고
농 사 농 에	사 내 부 는	농 사 짓 는	농 부 이 며
움 직 일 동	물 건 물 은	움 직 이 는	동 물 이 다

📍 이제는 한자로 쓰인 한자어 가사도 쉽게 읽을 수 있어요~~^ ^

匠 人 工 에	사 내 夫 는	배 워 익 힘	工 夫 란 뜻
나 라 國 에	말 씀 語 는	나 랏 말 씀	國 語 이 며
안 內 에 다	얼 굴 容 은	事 物 속 내	內 容 이 고
農 事 農 에	사 내 夫 는	農 事 짓 는	農 夫 이 며
움 직 일 動	物 件 物 은	움 직 이 는	動 物 이 다

工 夫 공부

工 장인 공 + 夫 사내 부 = 工夫

(받기 의력) 장인[工]된 사내[夫]처럼 힘써 하는 것이 工夫이다.

(사전 풀이) 학문이나 기술을 배우고 익힘.

❀ 다음 밑줄 친 한자어의 독음을 써 보세요.

국어활동 52~53쪽을 **工夫**하여 봅시다. (   )

❀ 다음 거꾸로 된 한자의 훈(뜻)과 음(소리)을 써보세요.

  훈: [   ]   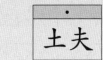 훈: [   ]

음: [   ]   음: [   ]

❀ 다음 중 밑줄 친 낱말에 맞는 한자어에 ○표 하세요.

학습유형을 색깔로 확인하고 **공부**하여 봅시다.

工夫   工天   土夫   土天

❀ 다음 빈칸에 한자어의 독음을 쓰고, 한자어를 예쁘게 써 보세요.

工夫 [   ] = 工 [   ] + 夫 [   ]

(독음 연습) **工夫**한 내용을 차분히 되돌아봅시다.

工	夫	工	夫				

國 語　국어

國　나라　국 ＋ 語　말씀　어 ＝ 國語

암기비법　나라[國]의 말씀[語]이 國語이다.

낱말풀이　한나라의 국민이 쓰는 말.

❀ 다음 밑줄 친 한자어의 독음을 써 보세요.

<u>國語</u>책 속에는 재미있는 동화가 들어있어서 좋아요. (　　　　)

❀ 다음 거꾸로 된 한자의 훈(뜻)과 음(소리)을 써보세요.

訓: [　　　　　]　　　　　　　훈: [　　　　　]

음: [　　　　　]　　　　　　　음: [　　　　　]

❀ 다음 중 밑줄 친 낱말에 맞는 한자어에 ○표 하세요.

<u>국어</u>시간에 받아쓰기를 하여 100점을 받으니 참 재미있어요.

| 國梧 | 國語 | 圍語 | 圍梧 |

❀ 다음 빈칸에 한자어의 독음을 쓰고, 한자어를 예쁘게 써 보세요.

國語　[　　　] ＝ 國 [　　　] ＋ 語 [　　　]

독음연습　다음에는 國語활동 8~9쪽을 공부하여 봅시다.

| 國 | 語 | 國 | 語 | | | | | |

內 容 내용

 안 내 + 얼굴 용 = 內容

찾기
비밀 안에[內] 담긴[容] 것이 內容이다.

사전
풀이 그릇이나 포장 따위의 안에 든 것.

❀ 다음 밑줄 친 한자어의 독음을 써 보세요.

지금까지 공부한 <u>內容</u>을 정리하여 봅시다. (   )

❀ 다음 거꾸로 된 한자의 훈(뜻)과 음(소리)을 써보세요.

  훈: [   ]   훈: [   ]

    음: [   ]   음: [   ]

❀ 다음 중 밑줄 친 낱말에 맞는 한자어에 ○표 하세요.

어떠한 <u>내용</u>을 소개하였나요?

·	·	·	·
丙容	內谷	內容	丙谷

❀ 다음 빈칸에 한자어의 독음을 쓰고, 한자어를 예쁘게 써 보세요.

內容 [   ] = 內 [   ] + 容 [   ]

독음
연습 단원학습을 하면서 공부한 內容을 정리하여 봅시다.

內	容	內	容				

農 夫 농부

農 농사 농 + 夫 사내 부 = 農夫

(암기비법) 농사[農] 짓는 사내[夫]가 農夫이다.

(어휘풀이) 농사짓는 일을 직업으로 하는 사람.

❀ 다음 밑줄 친 한자어의 독음을 써 보세요.

__農夫__는 커다란 무를 뽑았습니다. (   )

❀ 다음 거꾸로 된 한자의 훈(뜻)과 음(소리)을 써보세요.

훈: [   ]   훈: [   ]

음: [   ]   음: [   ]

❀ 다음 중 밑줄 친 낱말에 맞는 한자어에 ○표 하세요.

__농부__는 신바람이 나서 어깨를 들썩들썩하였습니다.

| 農天 | 儂夫 | 儂天 | 農夫 |

❀ 다음 빈칸에 한자어의 독음을 쓰고, 한자어를 예쁘게 써 보세요.

農夫 [   ] = 農 [   ] + 夫 [   ]

(독음연습) __農夫__아저씨들과 밭에서 신나게 고구마를 캤습니다.

| 農 | 夫 | 農 | 夫 | | | | |

動 物 동물

| 動 | 움직일 동 | + | 物 | 물건 물 | = | 動物 |

(알기 쉬운) 움직이는[動] 모든 생물[物]을 動物이라고 한다.

(사전 풀이) 사람을 제외한 길짐승, 날짐승, 물짐승 따위를 통틀어 이르는 말.

❀ 다음 밑줄 친 한자어의 독음을 써 보세요.

動物 친구들의 말을 생각하여 봅시다. (   )

❀ 다음 거꾸로 된 한자의 훈(뜻)과 음(소리)을 써보세요.

훈: [   ]
음: [   ]

훈: [   ]
음: [   ]

❀ 다음 중 밑줄 친 낱말에 맞는 한자어에 ○표 하세요.

어떤 動物을 보았는지 이름을 말하여 봅시다.

| 重物 | 動物 | 動粅 | 重粅 |

❀ 다음 빈칸에 한자어의 독음을 쓰고, 한자어를 예쁘게 써 보세요.

| 動物 | | = | 動 | | + | 物 | |

(독음 연습) 세 動物 친구가 모여 어떤 글자를 만들었나요?

| 動 | 物 | 動 | 物 | | | | | | |

1. 다음 ☐☐안에 알맞은 한자어를 <보기>에서 찾아 써 보세요.

보기	動物　　農夫　　工夫　　內容　　國語

장 인 공 에	사 내 부 는	배 워 익 힘		란 뜻
나 라 국 에	말 씀 어 는	나 랏 말 씀		이 며
안 내 에 다	얼 굴 용 은	사 물 속 내		이 고
농 사 농 에	사 내 부 는	농 사 짓 는		이 며
움 직 일 동	물 건 물 은	움 직 이 는		이 다

2. 다음 한자어에 독음과 알맞은 뜻을 바르게 연결하세요.

① 工夫 ・ ・ 농부 ・ ・ 그릇이나 포장 따위의 안에 든 것.

② 國語 ・ ・ 공부 ・ ・ 농사짓는 일을 직업으로 하는 사람.

③ 內容 ・ ・ 국어 ・ ・ 학문이나 기술을 배우고 익힘.

④ 農夫 ・ ・ 동물 ・ ・ 사람을 제외한 짐승 따위를 통틀어 이르는 말.

⑤ 動物 ・ ・ 내용 ・ ・ 한나라의 국민이 쓰는 말.

3. 다음 한자어의 독음을 쓰고, 예쁘게 한자로 써 보세요.

①	工夫		工	夫	工	夫		
②	國語		國	語	國	語		
③	內容		內	容	內	容		
④	農夫		農	夫	農	夫		
⑤	動物		動	物	動	物		

4. 다음 한자어의 뜻을 쓰세요.

① 內容 ➡

② 動物 ➡

③ 農夫 ➡

④ 國語 ➡

⑤ 工夫 ➡

5. 다음 한자어를 한자를 써서 완성해 보세요.

국	어	내	용	공	부	농	부	동	물
	語		容		夫		夫		物

1. 모음자(母音字)	모음을 나타내는 자모나 글자.
2. 반복(反復)	같은 일을 되풀이함.
3. 방법(方法)	어떤 일을 해나가거나 목적을 이루기 위하여 취하는 방식.
4. 부호(符號)	일정한 뜻을 나타내기 위하여 따로 정하여 쓰는 기호.
5. 상자(箱子)	물건을 넣기 위하여 만든 네모난 그릇.

📍 한글로 된 가사를 노래로 부르면 한자어의 뜻이 쉽게 이해돼요.

어 머 니 모	소 리 음 과	글 자 자 는	모 음 자 고
돌 이 킬 반	돌 아 올 복	되 풀 이 함	반 복 이 며
목 적 달 성	방 식 수 단	모 방 법 법	방 법 이 고
부 신 부 에	이 름 호 는	정 한 기 호	부 호 이 며
상 자 상 에	물 건 자 는	물 건 담 는	상 자 이 다

📍 이제는 한자로 쓰인 한자어 가사도 쉽게 읽을 수 있어요~~^^

어 머 니 母	소 리 音 과	글 자 字 는	母 音 字 고
돌 이 킬 反	돌 아 올 復	되 풀 이 함	反 復 이 며
目 的 達 成	方 式 手 段	모 方 法 法	方 法 이 고
符 身 符 에	이 름 號 는	定 한 記 號	符 號 이 며
箱 子 箱 에	物 件 子 는	物 件 담 는	箱 子 이 다

母音字 모음자

母 어머니 모 + 音 소리 음 + 字 글자 자 = 母音字

자음을 감싸는 어머니[母] 같은 소리[音] 글자[字]가 母音字이다.

모음을 나타내는 자모나 글자.

❀ 다음 밑줄 친 한자어의 독음을 써 보세요.

이번 시간에는 <u>母音字</u>에 대해서 공부하기로 해요. (   )

❀ 다음 거꾸로 된 한자의 훈(뜻)과 음(소리)을 써보세요.

❀ 다음 중 밑줄 친 낱말에 맞는 한자어에 ○표 하세요.

ㅏ, ㅑ, ㅓ, ㅕ, ㅗ, ㅛ, ㅜ, ㅠ, ㅡ, ㅣ를 <u>모음자</u>라고 한다.

母音子　　　母音字　　　母音子　　　母音字

❀ 다음 빈칸에 한자어의 독음을 쓰고, 한자어를 예쁘게 써 보세요.

독음
연습 母音字에 대해서 조사해 오는 것이 숙제입니다.

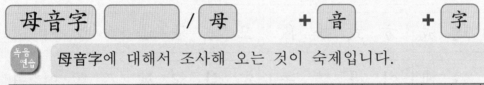

反 復 반복

反 돌이킬 **반** + 復 돌아올 **복** = 反復

되돌리어[反] 돌아오게[復] 하는 것이 反復이다.

같은 일을 되풀이함.

❀ 다음 밑줄 친 한자어의 독음을 써 보세요.

反復되는 느낌을 살려 시를 읽어봅시다. (   )

❀ 다음 거꾸로 된 한자의 훈(뜻)과 음(소리)을 써보세요.

훈: [   ]   훈: [   ]

음: [   ]   음: [   ]

❀ 다음 중 밑줄 친 낱말에 맞는 한자어에 ○표 하세요.

시를 읽을 때에 **반복**되는 말이 주는 느낌을 알아봅시다.

反覆	反復	及覆	及復

❀ 다음 빈칸에 한자어의 독음을 쓰고, 한자어를 예쁘게 써 보세요.

| 反復 | | = | 反 | | + | 復 | |

'아침'을 읽고 **反復**되는 말을 찾아봅시다.

反	復	反	復						

方 法　방법

方 　모 **방**＋ 法 　법 **법** ＝ 方法

방식[方]대로 이루어 나가는 법[法]이 方法이다.

어떤 일을 해나가거나 목적을 이루기 위하여 취하는 방식.

❀ 다음 밑줄 친 한자어의 독음을 써 보세요.

자신 있게 말하는 **方法**을 알아봅시다. (　　　　)

❀ 다음 거꾸로 된 한자의 훈(뜻)과 음(소리)을 써보세요.

훈: [　　　　　] 　　훈: [　　　　　]

음: [　　　　　] 　　음: [　　　　　]

❀ 다음 중 밑줄 친 낱말에 맞는 한자어에 ○표 하세요.

그림일기를 쓰는 **방법**을 알아봅시다.

方怯	万法	方法	万怯

❀ 다음 빈칸에 한자어의 독음을 쓰고, 한자어를 예쁘게 써 보세요.

方法 [　　] ＝ 方 [　　] ＋ 法 [　　]

독음
연습 　문장을 알맞게 띄어 읽는 **方法**을 알아봅시다.

方	法	方	法						

符 號　부호

符　부신　부　＋　號　이름　호　＝　符號

발기해법　부신[符]으로 정한 기호[號]가 符號이다.

사전풀이　일정한 뜻을 나타내기 위하여 따로 정하여 쓰는 기호.

❀ 다음 밑줄 친 한자어의 독음을 써 보세요.

문장 **符號**에 대하여 알아봅시다. (　　　　)

❀ 다음 거꾸로 된 한자의 훈(뜻)과 음(소리)을 써보세요.

훈: [　　　　　] 　　훈: [　　　　　]

음: [　　　　　] 　　음: [　　　　　]

❀ 다음 중 밑줄 친 낱말에 맞는 한자어에 ○표 하세요.

문장 **부호**에 맞는 이름과 쓰임을 선으로 이어봅시다.

付號	付唬	符唬	符號

❀ 다음 빈칸에 한자어의 독음을 쓰고, 한자어를 예쁘게 써 보세요.

符號		=	符		+	號	

독음연습　문장 符號의 쓰임을 생각하며 글을 읽어봅시다.

符	號	符	號					

箱 子　상자

箱 　상자　상 ＋ 子 　물건　자 ＝ 箱子

🔴 대나무를 서로 얽어서[箱] 물건[子]을 담는 것이 箱子이다.

🔴 물건을 넣기 위하여 만든 네모난 그릇.

❀ 다음 밑줄 친 한자어의 독음을 써 보세요.

이름이 적힌 쪽지를 <u>箱子</u>에 넣는다. (　　　　)

❀ 다음 거꾸로 된 한자의 훈(뜻)과 음(소리)을 써보세요.

훈: [　　　　]　　훈: [　　　　]
음: [　　　　]　　음: [　　　　]

❀ 다음 중 밑줄 친 낱말에 맞는 한자어에 ○표 하세요.

파란색 종이 <u>상자</u>가 가볍습니다.

箱子　　箱子　　菥子　　菥子

❀ 다음 빈칸에 한자어의 독음을 쓰고, 한자어를 예쁘게 써 보세요.

箱子 [　　] ＝ 箱 [　　] ＋ 子 [　　]

🔴 이름이 적힌 쪽지를 箱子에 넣는다.

箱 子 箱 子

1. 다음 ☐☐안에 알맞은 한자어를 <보기>에서 찾아 써 보세요.

보기	方法	箱子	母音字	反復	符號

어 머 니 모	소 리 음 과	글 자 자 는	☐ ☐	고
돌 이 킬 반	돌 아 올 복	되 풀 이 함	☐	이 며
목 적 달 성	방 식 수 단	모 방 법 법	☐	이 고
부 신 부 에	이 름 호 는	정 한 기 호	☐	이 며
상 자 상 에	물 건 자 는	물 건 담 는	☐	이 다

2. 다음 한자어에 독음과 알맞은 뜻을 바르게 연결하세요.

① 母音字 • • 방법 • • 일정한 뜻을 나타내기 위하여 따로 정하여 쓰는 기호.

② 反復 • • 상자 • • 모음을 나타내는 자모나 글자.

③ 方法 • • 반복 • • 어떤 일을 해나가거나 목적을 이루기 위하여 취하는 방식.

④ 符號 • • 모음자 • • 같은 일을 되풀이함.

⑤ 箱子 • • 부호 • • 물건을 넣기 위하여 만든 네모난 그릇.

3. 다음 한자어의 독음을 쓰고, 예쁘게 한자로 써 보세요.

① 母音字 | | 母 音 字 母 音 字

② 反復 | | 反 復 反 復

③ 方法 | | 方 法 方 法

④ 符號 | | 符 號 符 號

⑤ 箱子 | | 箱 子 箱 子

4. 다음 한자어의 뜻을 쓰세요.

① 箱子 ➡

② 符號 ➡

③ 母音字 ➡

④ 反復 ➡

⑤ 方法 ➡

5. 다음 한자어를 한자를 써서 완성해 보세요.

반	복	상	자	모	음	부	호	방	법
	復	箱			音		號		法

1.	선생(先生)	학생을 가르치는 사람을 두루 이르는 말.
2.	설명(說明)	어떤 대상의 내용을 상대편이 잘 알 수 있도록 밝혀 말함.
3.	시간(時間)	한 시점에서 다른 시점까지의 사이.
4.	안녕(安寧)	아무 탈 없이 편안함.
5.	인상(印象)	어떤 대상에 대하여 마음속에 새겨지는 느낌.

📍 한글로 된 가사를 노래로 부르면 한자어의 뜻이 쉽게 이해돼요.

먼 저 선 에	살 생 이 면	먼 저 사 신	선 생 이 고
말 씀 설 에	밝 을 명 은	밝 혀 말 함	설 명 이 며
때 시 까 지	사 이 간 은	때 의 사 이	시 간 이 고
편 안 할 안	편 안 할 녕	걱 정 없 다	안 녕 이 며
도 장 인 에	모 양 상 은	느 낌 작 용	인 상 이 다

📍 이제는 한자로 쓰인 한자어 가사도 쉽게 읽을 수 있어요~~^^

먼 저 先 에	살 生 이 면	먼 저 사 신	先 生 이 고
말 씀 說 에	밝 을 明 은	밝 혀 말 함	說 明 이 며
때 時 까 지	사 이 間 은	때 의 사 이	時 間 이 고
便 安 할 安	便 安 할 寧	걱 정 없 다	安 寧 이 며
圖 章 印 에	模 樣 象 은	느 낌 作 用	印 象 이 다

先 生 선생

先 먼저 선 + 生 살 생 = 先生

나보다 먼저[先] 살아서[生] 배운 것을 가르치는 先生이다.

학생을 가르치는 사람을 두루 이르는 말.

❀ 다음 밑줄 친 한자어의 독음을 써 보세요.

先生님께서 들려주시는 듣기자료를 들어봅니다. (　　　　)

❀ 다음 거꾸로 된 한자의 훈(뜻)과 음(소리)을 써보세요.

　훈: [　　　　]　　　　　훈: [　　　　]
　　　　음: [　　　　]　　　　　음: [　　　　]

❀ 다음 중 밑줄 친 낱말에 맞는 한자어에 ○표 하세요.

그림을 보고 **선생**님을 따라 읽어봅시다.

·	·	·	·
先主	先生	光生	光主

❀ 다음 빈칸에 한자어의 독음을 쓰고, 한자어를 예쁘게 써 보세요.

先生		=	先		+	生	

독음연습　先生님이 오늘은 동화를 읽어주셨다.

先	生	先	生				

說明　설명

說 말씀 **설** + 明 밝을 **명** = 說明

(암기비법) 말씀[說]으로 밝히어[明] 알게 하는 것이 說明이다.

(사전풀이) 어떤 일이나 대상의 내용을 상대편이 잘 알 수 있도록 밝혀 말함.

❀ 다음 밑줄 친 한자어의 독음을 써 보세요.

온점은 **說明**하는 문장 끝에 쓴다. (　　　　)

❀ 다음 거꾸로 된 한자의 훈(뜻)과 음(소리)을 써보세요.

훈: [　　　　] 　 훈: [　　　　]

음: [　　　　] 　 음: [　　　　]

❀ 다음 중 밑줄 친 낱말에 맞는 한자어에 ○표 하세요.

그림을 보여주고 어떤 장면을 그린 것인지 **說明**하여 준다.

悅明	說朋	悅朋	說明

❀ 다음 빈칸에 한자어의 독음을 쓰고, 한자어를 예쁘게 써 보세요.

說明		=	說		+	明	

(독음연습) 아버지께서는 무엇이든지 자상하게 **說明**해 주신다.

說	明	說	明				

時 間 시간

時 때 시 + 間 사이 간 = 時間

때[時]와 다른 때까지의 사이[間]가 時間이다.

한 시점에서 다른 시점까지의 사이.

❀ 다음 밑줄 친 한자어의 독음을 써 보세요.

포포는 간식 **時間**에 어떤 인사말을 하였나요? (　　　　　)

❀ 다음 거꾸로 된 한자의 훈(뜻)과 음(소리)을 써보세요.

훈: [　　　　　]
음: [　　　　　]

훈: [　　　　　]
음: [　　　　　]

❀ 다음 중 밑줄 친 낱말에 맞는 한자어에 ○표 하세요.

약속 **시간**을 어긴 것은 잘못이다.

·	·	·	·
詩聞	詩間	時聞	時間

❀ 다음 빈칸에 한자어의 독음을 쓰고, 한자어를 예쁘게 써 보세요.

時間		=	時		+	間	

독음연습 철수는 약속 **時間**을 꼭 지키려고 노력을 합니다.

時	間	時	間				

安 寧 안녕

安 편안할 안 ＋ 寧 편안할 녕 ＝ 安寧

그저 편안하고[安] 편안한[寧] 것이 安寧이다.

아무 탈 없이 편안함.

❀ 다음 밑줄 친 한자어의 독음을 써 보세요.

아버지, **安寧**히 다녀오셨어요. (   )

❀ 다음 거꾸로 된 한자의 훈(뜻)과 음(소리)을 써보세요.

훈: [   ]   훈: [   ]

음: [   ]   음: [   ]

❀ 다음 중 밑줄 친 낱말에 맞는 한자어에 ○표 하세요.

아저씨, **안녕**하세요?

安寧   案寧   安儜   案儜

❀ 다음 빈칸에 한자어의 독음을 쓰고, 한자어를 예쁘게 써 보세요.

安寧 [   ] ＝ 安 [   ] ＋ 寧 [   ]

순희야, **安寧**? 잘 있었어!

安	寧	安	寧				

印 象 인상

印 도장 인 + 象 코끼리 상 = 印象

(찾기
비법) 도장[印]을 코끼리[象]에 찍듯 마음에 새겨지는 느낌이 印象이다.

(사전
풀이) 어떤 대상에 대하여 마음속에 새겨지는 느낌.

❀ 다음 밑줄 친 한자어의 독음을 써 보세요.

가장 印象 깊었던 일을 글로 써 봅시다. (　　　)

❀ 다음 거꾸로 된 한자의 훈(뜻)과 음(소리)을 써보세요.

印 훈: [　　　　] 象 훈: [　　　　]

음: [　　　　] 음: [　　　　]

❀ 다음 중 밑줄 친 낱말에 맞는 한자어에 ○표 하세요.

일 중에서 가장 **인상** 깊었던 일을 골라 정리하여 봅시다.

·	·	·	·
卽象	印象	卽像	印像

❀ 다음 빈칸에 한자어의 독음을 쓰고, 한자어를 예쁘게 써 보세요.

| 印象 | | = | 印 | | + | 象 | |

(독음
연습) 순희야, 너와 놀았던 印象을 잊을 수가 없구나!

印	象	印	象				

1. 다음 ☐☐안에 알맞은 한자어를 <보기>에서 찾아 써 보세요.

보기	時間　　印象　　說明　　先生　　安寧

먼 저 선 에	살 생 이 면	먼 저 사 신	☐☐	이 고
말 씀 설 에	밝 을 명 은	밝 혀 말 함	☐☐	이 며
때 시 까 지	사 이 간 은	때 의 사 이	☐☐	이 고
편 안 할 안	편 안 할 녕	걱 정 없 다	☐☐	이 며
도 장 인 에	모 양 상 은	느 낌 작 용	☐☐	이 다

2. 다음 한자어에 독음과 알맞은 뜻을 바르게 연결하세요.

① 印象 • 　 • 시간 • 　 • 어떤 대상에 대하여 마음속에 새겨지는 느낌.

② 安寧 • 　 • 설명 • 　 • 아무 탈 없이 편안함.

③ 時間 • 　 • 안녕 • 　 • 어떤 일이나 대상의 내용을 상대편이 잘 알 수 있도록 밝혀 말함.

④ 先生 • 　 • 선생 • 　 • 한 시점에서 다른 시점까지의 사이.

⑤ 說明 • 　 • 인상 • 　 • 학생을 가르치는 사람을 두루 이르는 말.

3. 다음 한자어의 독음을 쓰고, 예쁘게 한자로 써 보세요.

① 先生 [ ]   先生 先生
② 說明 [ ]   說明 說明
③ 時間 [ ]   時間 時間
④ 安寧 [ ]   安寧 安寧
⑤ 印象 [ ]   印象 印象

4. 다음 한자어의 뜻을 쓰세요.

① 印象 ➡
② 案內 ➡
③ 先生 ➡
④ 說明 ➡
⑤ 時間 ➡

5. 다음 한자어를 한자를 써서 완성해 보세요.

선	생	안	녕	시	간	설	명	인	상
先			寧	時		說			象

【국어】 Ⅰ - 4 自己 ＊ 姿勢 ＊ 自身 ＊ 子音字 ＊ 場面

1. **자기(自己)** 그 사람 자신.
2. **자세(姿勢)** 몸을 움직이거나 가누는 모양.
3. **자신(自身)** 그 사람의 몸 또는 바로 그 사람을 이르는 말.
4. **자음자(子音字)** 자음을 나타내는 자모나 글자.
5. **장면(場面)** 어떤 장소에서 겉으로 드러난 면이나 벌어진 광경.

📍 한글로 된 가사를 노래로 부르면 한자어의 뜻이 쉽게 이해돼요.

스 스 로 자	몸 기 이 니	스 스 로 몸	자 기 이 고
맵 시 자 에	기 세 세 는	마 음 태 도	자 세 이 며
스 스 로 자	몸 신 이 면	자 기 의 몸	자 신 이 고
아 들 자 에	소 리 음 과	글 자 자 는	자 음 자 며
마 당 장 에	낯 면 자 는	사 건 광 경	장 면 이 다

📍 이제는 한자로 쓰인 한자어 가사도 쉽게 읽을 수 있어요~~^^

스 스 로 自	몸 己 이 니	스 스 로 몸	自 己 이 고
맵 시 姿 에	氣 勢 勢 는	마 음 態 度	姿 勢 이 며
스 스 로 自	몸 身 이 면	自 己 의 몸	自 身 이 고
아 들 子 에	소 리 音 과	글 자 字 는	子 音 字 며
마 당 場 에	낯 面 字 는	事 件 光 景	場 面 이 다

自 己 자기

自 스스로 **자** + 己 몸 **기** = 自己

암기비법 스스로[自]의 몸[己]이 自己이다.

사전풀이 그 사람 자신.

❀ 다음 밑줄 친 한자어의 독음을 써 보세요.

__自己__가 바른 자세로 글을 읽는지 생각해 보자. (   )

❀ 다음 거꾸로 된 한자의 훈(뜻)과 음(소리)을 써보세요.

目
훈: [   ]
음: [   ]

己
훈: [   ]
음: [   ]

❀ 다음 중 밑줄 친 낱말에 맞는 한자어에 ○표 하세요.

__자기__의 기분을 자신 있게 말하여 봅시다.

自己   目己   目己   自己

❀ 다음 빈칸에 한자어의 독음을 쓰고, 한자어를 예쁘게 써 보세요.

自己 [   ] = 自 [   ] + 己 [   ]

독음연습 自己의 글 쓰는 자세를 확인하여 봅시다.

自 己 自 己

姿 勢 　자세

姿 　맵시 　자 ＋ 勢 　기세 　세 ＝ 　姿勢

맵시[姿]있는 기세[勢]가 姿勢이다.

몸을 움직이거나 가누는 모양.

❀ 다음 밑줄 친 한자어의 독음을 써 보세요.

바른 **姿勢**로 낱말을 읽고 써 봅시다. (　　　　)

❀ 다음 거꾸로 된 한자의 훈(뜻)과 음(소리)을 써보세요.

훈: [　　　　　　] 　　　훈: [　　　　　　]

음: [　　　　　　] 　　　음: [　　　　　　]

❀ 다음 중 밑줄 친 낱말에 맞는 한자어에 ○표 하세요.

친구들이 어떤 **자세**로 듣고 있는지 말하여 봅시다.

·	·	·	·
姿勢	姿熱	恣勢	恣熱

❀ 다음 빈칸에 한자어의 독음을 쓰고, 한자어를 예쁘게 써 보세요.

姿勢		＝	姿		＋	勢	

말을 바른 **姿勢**로 들어봅시다.

姿	勢	姿	勢				

自 身 　자신

自 스스로 **자** ＋ 身 몸 **신** ＝ 自身

(암기비법) 스스로[自]의 몸[身]이 自身이다.

(어휘풀이) 그 사람의 몸 또는 바로 그 사람을 이르는 말.

❀ 다음 밑줄 친 한자어의 독음을 써 보세요.

__自身__있게 말하는 방법을 생각하여 봅시다. (　　　　)

❀ 다음 거꾸로 된 한자의 훈(뜻)과 음(소리)을 써보세요.

耳　훈: [　　　　]
　　음: [　　　　]

身　훈: [　　　　]
　　음: [　　　　]

❀ 다음 중 밑줄 친 낱말에 맞는 한자어에 ○표 하세요.

__자신__이 지구를 대표하여야 한다고 생각한 까닭은 무엇인가요?

| 自躬 | 目身 | 自身 | 目躬 |

❀ 다음 빈칸에 한자어의 독음을 쓰고, 한자어를 예쁘게 써 보세요.

| 自身 | 　　 | ＝ | 自 | 　　 | ＋ | 身 | 　　 |

(독음연습) 왜 곶감이 __自身__보다 무섭다고 생각하였나요?

自	身	自	身				

子音字 자음자

子 아들 자 + 音 소리 음 + 字 글자 자 = 子音字

아들[子] 소리[音]를 내는 글자[字]가 子音字이다.

자음을 나타내는 자모나 글자.

❀ 다음 밑줄 친 한자어의 독음을 써 보세요.

나리가 가는 길에 어떤 <u>子音字</u>가 있는지요? (   )

❀ 다음 거꾸로 된 한자의 훈(뜻)과 음(소리)을 써보세요.

[   ]   [   ]   [   ]
[   ]   [   ]   [   ]

❀ 다음 중 밑줄 친 낱말에 맞는 한자어에 ○표 하세요.

<u>자음자</u>의 이름을 알아보고 'ㄱ'부터 'ㅎ'까지 써 봅시다.

子音字   子音字   子音字   子音字

❀ 다음 빈칸에 한자어의 독음을 쓰고, 한자어를 예쁘게 써 보세요.

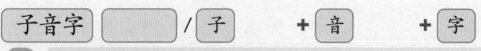

子音字   / 子 + 音 + 字

몸으로 子音字의 모양을 만들어 봅시다.

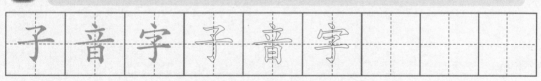

場 面 　장면

| 場 | 마당 | 장 | + | 面 | 낮 | 면 | = | 場面 |

🔵 마당[場]에 벌어진 광경[面]이 場面이다.

🔵 어떤 장소에서 겉으로 드러난 면이나 벌어진 광경.

❀ 다음 밑줄 친 한자어의 독음을 써 보세요.

재미있는 **場面**을 떠올려 보세요. (　　　　)

❀ 다음 거꾸로 된 한자의 훈(뜻)과 음(소리)을 써보세요.

場　훈: [　　　　]　　　面　훈: [　　　　]
　　음: [　　　　]　　　　　음: [　　　　]

❀ 다음 중 밑줄 친 낱말에 맞는 한자어에 ○표 하세요.

시를 읽고 떠오르는 **장면**에 대한 느낌을 말한다.

·	·	·	·
揚面	場回	場面	揚回

❀ 다음 빈칸에 한자어의 독음을 쓰고, 한자어를 예쁘게 써 보세요.

| 場面 | | = | 場 | | + | 面 | |

🔵 글을 읽고 떠올린 **場面**으로 알맞은 것은 무엇인가요?

場	面	場	面				

▶▶▶

1. 다음 □□안에 알맞은 한자어를 <보기>에서 찾아 써 보세요.

보기	姿勢　　子音字　　場面　　自己　　自身

스스로자	몸기이니	스스로몸	□□	이고
맵시자에	기세세는	마음태도	□□	이며
스스로자	몸신이면	자기의몸	□□	이고
아들자에	소리음과	글자자는	□□□	며
마당장에	낯면자는	사건광경	□□	이다

2. 다음 한자어에 독음과 알맞은 뜻을 바르게 연결하세요.

① 自己 ・　・ 자신 ・　・ 어떤 장소에서 겉으로 드러난 면이나 벌어진 광경.

② 姿勢 ・　・ 자음자 ・　・ 그 사람 자신.

③ 自身 ・　・ 장면 ・　・ 자음을 나타내는 자모나 글자.

④ 子音字 ・　・ 자기 ・　・ 몸을 움직이거나 가누는 모양.

⑤ 場面 ・　・ 자세 ・　・ 그 사람의 몸 또는 바로 그 사람을 이르는 말.

3. 다음 한자어의 독음을 쓰고, 예쁘게 한자로 써 보세요.

① 自己 | | 自 己 自 己 | |

② 姿勢 | | 姿 勢 姿 勢 | |

③ 自身 | | 自 身 自 身 | |

④ 子音字 | | 子 音 字 子 音 字 |

⑤ 場面 | | 場 面 場 面 | |

4. 다음 한자어의 뜻을 쓰세요.

① 自身 ➡

② 場面 ➡

③ 姿勢 ➡

④ 自己 ➡

⑤ 子音字 ➡

5. 다음 한자어를 한자를 써서 완성해 보세요.

자	음	자	신	장	면	자	세	자	기
子		自		場			勢	自	

1.	정리(整理)	흐트러진 것을 모으거나 치워서 보기 좋게 질서 있게 한 상태.
2.	제목(題目)	글의 구성에서 작은 제목의 글들을 포괄하는 하나의 제목.
3.	차시(次時)	한 단원의 내용을 여러 차시로 나누는 것.
4.	친구(親舊)	가깝게 오래 사귄 사람이나 벗.
5.	표정(表情)	마음속에 품은 감정 따위가 겉으로 드러나는 모습.

한글로 된 가사를 노래로 부르면 한자어의 뜻이 쉽게 이해돼요.

가 지 런 정	다 스 릴 리	질 서 상 태	정 리 이 고
표 제 제 에	눈 목 하 면	대 표 이 름	제 목 이 며
버 금 차 에	때 시 하 면	반 복 시 간	차 시 이 고
친 할 친 에	예 구 하 여	친 한 사 귐	친 구 이 며
드 러 나 는	감 정 모 습	겉 표 뜻 정	표 정 이 다

이제는 한자로 쓰인 한자어 가사도 쉽게 읽을 수 있어요~~^^

가 지 런 整	다 스 릴 理	秩 序 狀 態	整 理 이 고
表 題 題 에	눈 目 하 면	代 表 이 름	題 目 이 며
버 금 次 에	때 時 하 면	反 復 時 間	次 時 이 고
親 할 親 에	예 舊 하 여	親 한 사 귐	親 舊 이 며
드 러 나 는	感 情 모 습	겉 表 뜻 情	表 情 이 다

整 理 정리

整 가지런할 정 ＋ 理 다스릴 리 ＝ 整理

가지런하게[整] 다스려[理] 놓은 것이 整理이다.

흐트러진 것을 모으거나 치워서 보기 좋게 질서 있게 한 상태.

❀ 다음 밑줄 친 한자어의 독음을 써 보세요.

공부한 내용을 **整理**하여 봅시다. (   )

❀ 다음 거꾸로 된 한자의 훈(뜻)과 음(소리)을 써보세요.

整   훈: [   ]
     음: [   ]

理   훈: [   ]
     음: [   ]

❀ 다음 중 밑줄 친 낱말에 맞는 한자어에 ○표 하세요.

제 동생은 장난감을 가지고 놀고는 **정리**를 하지 않습니다.

整理   整里   敕里   敕理

❀ 다음 빈칸에 한자어의 독음을 쓰고, 한자어를 예쁘게 써 보세요.

整理 [   ] ＝ 整 [   ] ＋ 理 [   ]

저는 제 책상 속에 있는 책을 바르게 **整理**합니다.

整 理 整 理

題 目　제목

題 표제 제 + 目 눈 목 = 題目

(암기비결) 표제[題] 삼은 항목[目]이 題目이다.

(사전풀이) 글의 구성에서 작은 제목의 글들을 포괄하는 하나의 제목.

❀ 다음 밑줄 친 한자어의 독음을 써 보세요.

일기의 **題目**을 정하는 방법을 알아봅시다. (　　　　)

❀ 다음 거꾸로 된 한자의 훈(뜻)과 음(소리)을 써보세요.

題　훈: [　　　　　]　　目　훈: [　　　　　]
　　음: [　　　　　]　　　　음: [　　　　　]

❀ 다음 중 밑줄 친 낱말에 맞는 한자어에 ○표 하세요.

어떤 **제목**을 붙이면 좋을지 말하여 봅시다.

·	·	·	·
匙目	題目	題自	匙自

❀ 다음 빈칸에 한자어의 독음을 쓰고, 한자어를 예쁘게 써 보세요.

| 題目 |　　　| = | 題 |　　　| + | 目 |　　　|

(독음연습) 그림에 알맞은 **題目**을 붙여봅시다.

題	目	題	目				

次 時   차시

次 버금 **차** ＋ 時 때 **시** ＝ 次時

차례[次]대로 때[時]를 나누는 것이 次時이다.

한 단원의 내용을 여러 차시로 나누는 것.

❀ 다음 밑줄 친 한자어의 독음을 써 보세요.

수학 5次時에는 11+5의 계산하기를 배웁니다. (   )

❀ 다음 거꾸로 된 한자의 훈(뜻)과 음(소리)을 써보세요.

훈: [   ]
음: [   ]

훈: [   ]
음: [   ]

❀ 다음 중 밑줄 친 낱말에 맞는 한자어에 ○표 하세요.

국어 2차시 학습은 받아쓰기 공부를 하겠습니다.

欠時	次詩	次時	欠詩

❀ 다음 빈칸에 한자어의 독음을 쓰고, 한자어를 예쁘게 써 보세요.

次時 [   ] ＝ 次 [   ] ＋ 時 [   ]

독음연습 '즐거운 마음으로'의 단원은 6次時 분을 공부합니다.

次	時	次	時				

親 舊　친구

親　친할　친　＋　舊　예　구　＝　親舊

친하게[親] 사귄이 오래된[舊] 사람이 親舊이다.

가깝게 오래 사귄 사람이나 벗.

❀ 다음 밑줄 친 한자어의 독음을 써 보세요.

왼손으로 연필을 잡은 **親舊**는 다음과 같이 잡아요. (　　　　)

❀ 다음 거꾸로 된 한자의 훈(뜻)과 음(소리)을 써보세요.

훈: [　　　　　]　　훈: [　　　　　]
음: [　　　　　]　　음: [　　　　　]

❀ 다음 중 밑줄 친 낱말에 맞는 한자어에 ○표 하세요.

동물 **친구**들의 말을 생각하며 바른 자세에 대하여 알아봅시다.

| 親舊 | 新舊 | 親雈 | 新雈 |

❀ 다음 빈칸에 한자어의 독음을 쓰고, 한자어를 예쁘게 써 보세요.

親舊 [　　] ＝ 親 [　　] ＋ 舊 [　　]

내 **親舊**는 달리기를 참 잘합니다.

親 舊 親 舊

表 情　표정

| 表 | 겉 표 | ＋ | 情 | 뜻 정 | ＝ | 表情 |

암기비법 겉으로[表] 드러난 뜻[情]이 表情이다.

사전풀이 마음속에 품은 감정 따위가 겉으로 드러나는 모습.

❀ 다음 밑줄 친 한자어의 독음을 써 보세요.

기분에 알맞은 <u>表情</u>을 그려봅시다. (　　　　)

❀ 다음 거꾸로 된 한자의 훈(뜻)과 음(소리)을 써보세요.

　훈: [　　　　]　　　훈: [　　　　]

　　　　　　　　음: [　　　　]　　　　　　　음: [　　　　]

❀ 다음 중 밑줄 친 낱말에 맞는 한자어에 ○표 하세요.

예솔이가 놀란 <u>표정</u>을 지어 보였습니다.

| 表清 | 衣清 | 衣情 | 表情 |

❀ 다음 빈칸에 한자어의 독음을 쓰고, 한자어를 예쁘게 써 보세요.

| 表情 |　　| ＝ | 表 |　　| ＋ | 情 |　　|

독음연습 그 아이는 항상 밝은 表情을 지어서 좋다.

表	情	表	情					

▶ ▶ ▶

1. 다음 ☐☐안에 알맞은 한자어를 <보기>에서 찾아 써 보세요.

보기	整理　　表情　　次時　　題目　　親舊

가 지런 정	다 스릴 리	질 서 상 태	☐☐	이 고
표 제 제 에	눈 목 하 면	대 표 이 름	☐☐	이 며
버 금 차 에	때 시 하 면	반 복 시 간	☐☐	이 고
친 할 친 에	예 구 하 여	친 한 사 귐	☐☐	이 며
드 러 나 는	감 정 모 습	겉 표 뜻 정	☐☐	이 다

2. 다음 한자어에 독음과 알맞은 뜻을 바르게 연결하세요.

① 整理 ・ ・ 친구 ・ ・ 글의 구성에서 작은 제목의 글들을 포괄하는 하나의 제목.

② 題目 ・ ・ 표정 ・ ・ 흐트러진 것을 모으거나 치워서 보기 좋게 질서 있게 한 상태.

③ 次時 ・ ・ 차시 ・ ・ 가깝게 오래 사귄 사람이나 벗.

④ 親舊 ・ ・ 정리 ・ ・ 마음속에 품은 감정 따위가 겉으로 드러나는 모습.

⑤ 表情 ・ ・ 제목 ・ ・ 한 단원의 내용을 여러 차시로 나누는 것.

3. 다음 한자어의 독음을 쓰고, 예쁘게 한자로 써 보세요.

① 整理 [　　] 整理 整理 [　][　]
② 題目 [　　] 題目 題目 [　][　]
③ 次時 [　　] 次時 次時 [　][　]
④ 親舊 [　　] 親舊 親舊 [　][　]
⑤ 表情 [　　] 表情 表情 [　][　]

4. 다음 한자어의 뜻을 쓰세요.

① 表情 ➡ [　　　　　　　]
② 親舊 ➡ [　　　　　　　]
③ 題目 ➡ [　　　　　　　]
④ 整理 ➡ [　　　　　　　]
⑤ 次時 ➡ [　　　　　　　]

5. 다음 한자어를 한자를 써서 완성해 보세요.

제	목	표	정	차	시	친	구	정	리
題			情	次			舊	整	

1. 표지판(標識板) | 어떠한 사실을 알리기 위하여 일정한 표시를 해 놓은 판.
2. 표현(表現) | 생각이나 느낌 따위를 언어나 몸짓 따위로 드러내어 나타냄.
3. 학습(學習) | 배워서 익힘.
4. 형제(兄弟) | 형과 아우를 아울러 이르는 말.
5. 활용(活用) | 충분히 잘 이용함.

📍 한글로 된 가사를 노래로 부르면 한자어의 뜻이 쉽게 이해돼요.

우 듬 지 표	표 할 지 에	널 빤 지 판	표 지 판 과
겉 표 에 다	나 타 날 현	속 나 타 낸	표 현 이 고
배 울 학 에	익 힐 습 은	배 워 익 힌	학 습 이 며
맏 형 하 고	아 우 제 는	형 과 아 우	형 제 이 고
이 리 저 리	이 용 잘 한	살 활 쓸 용	활 용 이 다

📍 이제는 한자로 쓰인 한자어 가사도 쉽게 읽을 수 있어요~~^^

우 듬 지 標	表 할 識 에	널 빤 지 板	標 識 板 과
겉 表 에 다	나 타 날 現	속 나 타 낸	表 現 이 고
배 울 學 에	익 힐 習 은	배 워 익 힌	學 習 이 며
맏 兄 하 고	아 우 弟 는	兄 과 아 우	兄 弟 이 고
이 리 저 리	利 用 잘 한	살 活 쓸 用	活 用 이 다

標識板　표지판

標 우듬지 표 ＋ 識 표할 지 ＋ 板 널빤지 판 ＝ 標識板

 우듬지[標]에 판별하게[識] 붙여놓은 판[板]이 標識板이다.

어떠한 사실을 알리기 위하여 일정한 표시를 해 놓은 판.

✾ 다음 밑줄 친 한자어의 독음을 써 보세요.

‘標識板이 말을 해요’를 읽어봅시다. (　　　　　)

✾ 다음 거꾸로 된 한자의 훈(뜻)과 음(소리)을 써보세요.

 [　　　　] / [　　　　]

[　　　　] / [　　　　]

[　　　　] / [　　　　]

✾ 다음 중 밑줄 친 낱말에 맞는 한자어에 ○표 하세요.

이처럼 표지판에는 뜻이 담겨있답니다.

▪	▪	▪	▪
票識板	標識板	標識阪	票識阪

✾ 다음 빈칸에 한자어의 독음을 쓰고, 한자어를 예쁘게 써 보세요.

標識板　[　　　] / 標 ＋ 識 ＋ 板

 標識板의 그림을 살펴보고 선으로 이어봅시다.

標	識	板	標	識	板			

表 現　표현

表 겉 **표** ＋ 現 나타날 **현** ＝ 表現

(알기비법) 겉으로[表] 나타낸[現] 것이 表現이다.

(사전풀이) 생각이나 느낌 따위를 언어나 몸짓 따위로 드러내어 나타냄.

❀ 다음 밑줄 친 한자어의 독음을 써 보세요.

말을 행동으로 **表現**하여 봅시다. (　　　　)

❀ 다음 거꾸로 된 한자의 훈(뜻)과 음(소리)을 써보세요.

훈: [　　　　　]　　훈: [　　　　　]

음: [　　　　　]　　음: [　　　　　]

❀ 다음 중 밑줄 친 낱말에 맞는 한자어에 ○표 하세요.

말을 소리나 몸짓으로 **표현**하여 봅시다.

衣現　　表睍　　表現　　衣睍

❀ 다음 빈칸에 한자어의 독음을 쓰고, 한자어를 예쁘게 써 보세요.

表現 [　　　] ＝ 表 [　　　] ＋ 現 [　　　]

(독음연습) 인물의 모습을 여러 가지 방법으로 **表現**하여 봅시다.

表	現	表	現					

學 習 학습

學 배울 학 + 習 익힐 습 = 學習

배워서[學] 익힘[習]이 學習이다.

배워서 익힘.

❀ 다음 밑줄 친 한자어의 독음을 써 보세요.

學習 유형을 색깔로 확인하고 공부하여 봅시다. (　　　　)

❀ 다음 거꾸로 된 한자의 훈(뜻)과 음(소리)을 써보세요.

學
훈: [　　　　]
음: [　　　　]

習
훈: [　　　　]
음: [　　　　]

❀ 다음 중 밑줄 친 낱말에 맞는 한자어에 ○표 하세요.

단원의 **학습** 목표를 살펴봅시다.

覺習	學慴	覺慴	學習

❀ 다음 빈칸에 한자어의 독음을 쓰고, 한자어를 예쁘게 써 보세요.

學習 [　　] = 學 [　　] + 習 [　　]

이 시간의 **學習** 목표는 무엇인지 알아봅시다.

學	習	學	習				

兄 弟 형제

兄 맏 형 + 弟 아우 제 = 兄弟

형[兄]과 아우[弟]가 兄弟이다.

형과 아우를 아울러 이르는 말.

❀ 다음 밑줄 친 한자어의 독음을 써 보세요.

우리 집은 3兄弟입니다. (   )

❀ 다음 거꾸로 된 한자의 훈(뜻)과 음(소리)을 써보세요.

훈: [   ]
음: [   ]

훈: [   ]
음: [   ]

❀ 다음 중 밑줄 친 낱말에 맞는 한자어에 ○표 하세요.

흥부전을 읽고 **형제**의 우애에 대해서 이야기 해 봅시다. (   )

| 兄弔 | 兌弔 | 兄弟 | 兌弟 |

❀ 다음 빈칸에 한자어의 독음을 쓰고, 한자어를 예쁘게 써 보세요.

| 兄弟 | | = | 兄 | | + | 弟 | |

독음연습 우리 **兄弟**는 장난이 심한 편입니다.

| 兄 | 弟 | 兄 | 弟 | | | | | | |

活 用 활용

活 살 **활** + 用 쓸 **용** = 活用

살려서[活] 잘 쓰는[用] 것이 活用이다.

충분히 잘 이용함.

❀ 다음 밑줄 친 한자어의 독음을 써 보세요.

121~127쪽의 카드를 **活用**해 보세요. (   )

❀ 다음 거꾸로 된 한자의 훈(뜻)과 음(소리)을 써보세요.

훈: [   ]
음: [   ]

훈: [   ]
음: [   ]

❀ 다음 중 밑줄 친 낱말에 맞는 한자어에 ○표 하세요.

순희는 국어시간에 낱말카드를 잘 **활용**합니다.

活用   活用   活角   活角

❀ 다음 빈칸에 한자어의 독음을 쓰고, 한자어를 예쁘게 써 보세요.

活用 [   ] = 活 [   ] + 用 [   ]

사전을 **活用**해서 문제를 풀어보세요.

活	用	活	用				

1. 다음 ☐☐안에 알맞은 한자어를 <보기>에서 찾아 써 보세요.

| 보기 | 學習　　表現　　活用　　兄弟　　標識板 |

우 듬 지 표	표 할 지 에	널 빤 지 판	☐☐	판 과
겉 표 에 다	나 타 날 현	속 나 타 낸	☐☐	이 고
배 울 학 에	익 힐 습 은	배 워 익 힌	☐☐	이 며
맏 형 하 고	아 우 제 는	형 과 아 우	☐☐	이 고
이 리 저 리	이 용 잘 한	살 활 쓸 용	☐☐	이 다

2. 다음 한자어에 독음과 알맞은 뜻을 바르게 연결하세요.

① 標識板 ・　・ 학습 ・　・ 생각이나 느낌 따위를 언어나 몸짓 따위로 드러내어 나타냄.

② 表現 ・　・ 형제 ・　・ 어떠한 사실을 알리기 위하여 일정한 표시를 해 놓은 판.

③ 學習 ・　・ 표지판 ・　・ 충분히 잘 이용함.

④ 兄弟 ・　・ 활용 ・　・ 배워서 익힘.

⑤ 活用 ・　・ 표현 ・　・ 형과 아우를 아울러 이르는 말.

3. 다음 한자어의 독음을 쓰고, 예쁘게 한자로 써 보세요.

① 標識板 | | 標 識 板 標 識 板

② 表現 | | 表 現 表 現

③ 學習 | | 學 習 學 習

④ 兄弟 | | 兄 弟 兄 弟

⑤ 活用 | | 活 用 活 用

4. 다음 한자어의 뜻을 쓰세요.

① 學習 ➡

② 表現 ➡

③ 活用 ➡

④ 標識板 ➡

⑤ 兄弟 ➡

5. 다음 한자어를 한자를 써서 완성해 보세요.

학	습	표	현	형	제	표	지	활	용
學			現	兄			識	活	

수학

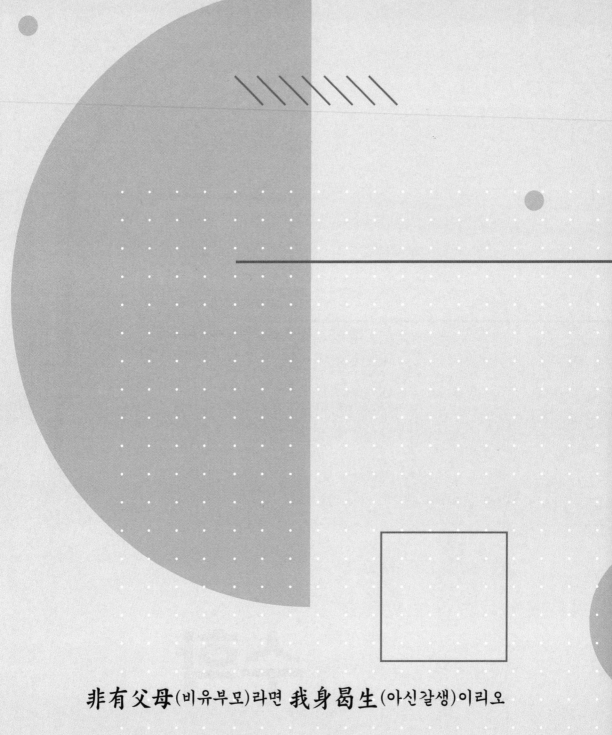

非有父母(비유부모)라면 **我身曷生**(아신갈생)이리오

부모님이 계시지 않았다면,
내 몸이 어찌 살고 있으리오. 《인성보감》

1. **각각 (各各)** 제각기 따로따로.
2. **문제 (問題)** 해답을 필요로 하는 물음.
3. **박물관 (博物館)** 역사적인 유물을 잘 보관하여 전시하는 곳.
4. **배열표 (配列表)** 일정한 차례에 따라 벌여 놓기 쉽도록 작성하는 표.
5. **색칠 (色漆)** 색을 칠함.

📍 한글로 된 가사를 노래로 부르면 한자어의 뜻이 쉽게 이해돼요.

각 각 각 과	각 각 각 은	따 로 따 로	각 각 이 고
물 을 문 에	표 제 제 는	해 답 필 요	문 제 이 며
넓 을 박 과	물 건 물 이	집 관 있 는	박 물 관 과
짝 배 에 다	벌 일 렬 이	걸 표 이 면	배 열 표 며
빛 색 에 다	옻 칠 하 여	빛 깔 칠 한	색 칠 이 다

📍 이제는 한자로 쓰인 한자어 가사도 쉽게 읽을 수 있어요~~^^

各 各 各 과	各 各 各 은	따 로 따 로	各 各 이 고
물 을 問 에	標 題 題 는	解 答 必 要	問 題 이 며
넓 을 博 과	物 件 物 이	집 館 있 는	博 物 館 과
짝 配 에 다	벌 일 列 이	걸 表 이 면	配 列 表 며
빛 色 에 다	옻 漆 하 여	빛 깔 漆 한	色 漆 이 다

各 各 **각각**

各 각각 **각** + 各 각각 **각** = [各各]

🔵 제각기[各] 따로따로[各]가 各各이다.

🔵 제각기 따로따로.

❀ 다음 밑줄 친 한자어의 독음을 써 보세요.

글을 세 문단으로 나누고 **各各**의 내용을 요약했다. (   )

❀ 다음 거꾸로 된 한자의 훈(뜻)과 음(소리)을 써보세요.

훈: [   ]

음: [   ]

훈: [   ]

음: [   ]

❀ 다음 중 밑줄 친 낱말에 맞는 한자어에 ○표 하세요.

회의 참석자들은 **각각**의 의견을 자유롭게 이야기했다.

| 各各 | 各名 | 名各 | 名名 |

❀ 다음 빈칸에 한자어의 독음을 쓰고, 한자어를 예쁘게 써 보세요.

各各 [   ] = 各 [   ] + 各 [   ]

🔵 네 사람은 **各各** 자기 의자에 앉았다.

| 各 | 各 | 各 | 各 | | | | | | |

問 題 문제

問 물을 **문** + 題 표제 **제** = 問題

(암기비법) 표제[題]를 물어보는[問] 것이 問題이다.

(사전풀이) 해답을 필요로 하는 물음.

❀ 다음 밑줄 친 한자어의 독음을 써 보세요.

다음 **問題**의 정답을 맞혀 보세요. (   )

❀ 다음 거꾸로 된 한자의 훈(뜻)과 음(소리)을 써보세요.

問   훈: [   ]   題   훈: [   ]
     음: [   ]   음: [   ]

❀ 다음 중 밑줄 친 낱말에 맞는 한자어에 ○표 하세요.

이번 수학 시험 **문제**는 너무 어려웠다.

間題	問匙	間匙	問題

❀ 다음 빈칸에 한자어의 독음을 쓰고, 한자어를 예쁘게 써 보세요.

問題 [   ] = 問 [   ] + 題 [   ]

(독음연습) 이 **問題**를 공책에 자세히 풀어오세요.

問	題	問	題				

博物館 박물관

博 넓을 박 + 物 물건 물 + 館 집 관 = 博物館

넓은[博] 곳에 옛 유물[物]을 보관 전시하는 집[館]이 博物館이다.

역사적인 유물을 잘 보관하여 전시하는 곳.

❀ 다음 밑줄 친 한자어의 독음을 써 보세요.

할아버지께서는 평생 모으신 작품들을 博物館에 기증하셨다. (   )

❀ 다음 거꾸로 된 한자의 훈(뜻)과 음(소리)을 써보세요.

[   ]   [   ]   [   ]

[   ]   [   ]   [   ]

❀ 다음 중 밑줄 친 낱말에 맞는 한자어에 ○표 하세요.

어제 부모님과 함께 국립 **박물관**에 다녀왔다.

▪	▪	▪	▪
傅物館	博物館	博物館	博物舘

❀ 다음 빈칸에 한자어의 독음을 쓰고, 한자어를 예쁘게 써 보세요.

博物館 [   ] / 博 + 物 + 館

민속 **博物館**에서 옛날 물건들을 보고 왔다.

博	物	館	博	物	館			

配列表 배열표

配 짝 **배** + 列 줄 **열** + 表 겉 **표** = 配列表

짝[配]을 짓듯이 줄[列]을 세워 작성한 표[表]가 配列表이다.

일정한 차례나 간격에 따라 벌여 놓기 쉽도록 작성하는 표.

❀ 다음 밑줄 친 한자어의 독음을 써 보세요.

수 **配列表**를 보고 물음에 답하시오. (   )

❀ 다음 거꾸로 된 한자의 훈(뜻)과 음(소리)을 써보세요.

[   ]   [   ]   [   ]
[   ]   [   ]   [   ]

❀ 다음 중 밑줄 친 낱말에 맞는 한자어에 ○표 하세요.

수 **배열표**의 빈칸에 알맞은 수를 써 넣으시오.

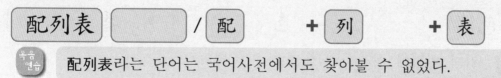

配列衷   配列表   配例表   酌列表

❀ 다음 빈칸에 한자어의 독음을 쓰고, 한자어를 예쁘게 써 보세요.

配列表 [   ] / 配 + 列 + 表

독음
연습

配列表라는 단어는 국어사전에서도 찾아볼 수 없었다.

配 列 表

色 漆　색칠

色 빛 색 ＋ 漆 옻 칠 ＝ 色漆

(암기비법) 빛깔[色]을 칠하는[漆] 것이 色漆이다.

(사전풀이) 색을 칠함.

❀ 다음 밑줄 친 한자어의 독음을 써 보세요.

다음 그림에 예쁘게 **色漆**하여 봅시다. (　　　　)

❀ 다음 거꾸로 된 한자의 훈(뜻)과 음(소리)을 써보세요.

훈: [　　　　　]
음: [　　　　　]

훈: [　　　　　]
음: [　　　　　]

❀ 다음 중 밑줄 친 낱말에 맞는 한자어에 ○표 하세요.

철수는 스케치를 끝내고 **색칠**을 시작하였다.

| 色漆 | 芭漆 | 色膝 | 芭膝 |

❀ 다음 빈칸에 한자어의 독음을 쓰고, 한자어를 예쁘게 써 보세요.

色漆 [　　　] ＝ 色 [　　　] ＋ 漆 [　　　]

(독음연습) 각자 인형에 어울리게 **色漆**하여 보세요.

| 色 | 漆 | 色 | 漆 | | | | | | |

1. 다음 ☐☐안에 알맞은 한자어를 <보기>에서 찾아 써 보세요.

보기

配列表	色漆	博物館	各各	問題

각 각 각 과	각 각 각 은	따 로 따 로	☐ ☐	이 고
물 을 문 에	표 제 제 는	해 답 필 요	☐ ☐	이 며
넓 을 박 과	물 건 물 이	집 관 있 는	☐ ☐	과
짝 배 에 다	벌 일 렬 이	겉 표 이 면	☐ ☐	며
빛 색 에 다	옻 칠 하 여	빛 깔 칠 한	☐ ☐	이 다

2. 다음 한자어에 독음과 알맞은 뜻을 바르게 연결하세요.

① 各各 • • 문제 • • 해답을 필요로 하는 물음.

② 問題 • • 각각 • • 일정한 차례에 따라 벌여 놓기 쉽도록 작성하는 표.

③ 博物館 • • 배열표 • • 제각기 따로따로.

④ 配列表 • • 색칠 • • 역사적인 유물을 잘 보관하여 전시하는 곳.

⑤ 色漆 • • 박물관 • • 색을 칠함.

3. 다음 한자어의 독음을 쓰고, 예쁘게 한자로 써 보세요.

① 各各 　　　　 各 各 各 各 　 　

② 問題 　　　　 問 題 問 題 　 　

③ 博物館 　　　 博 物 館 博 物 館

④ 配列表 　　　 配 列 表 配 列 表

⑤ 色漆 　　　　 色 漆 色 漆 　 　

4. 다음 한자어의 뜻을 쓰세요.

① 博物館 ➡

② 色漆 ➡

③ 各各 ➡

④ 配列表 ➡

⑤ 問題 ➡

5. 다음 한자어를 한자를 써서 완성해 보세요.

문	제	배	열	각	각	박	물	색	칠
	題	配			各	博			漆

【수학】 Ⅱ-2 數學 * 順序 * 注射 * 準備物 * 風船

1. **수학(數學)** | 수량 및 공간의 성질에 관하여 연구하는 학문.
2. **순서(順序)** | 정해놓은 차례.
3. **주사(注射)** | 약액을 주사기에 넣어 몸에 직접 주입하는 것.
4. **준비물(準備物)** | 미리 마련해 갖추는 물건.
5. **풍선(風船)** | 커다란 주머니에 공기를 넣어서 공중에 뜨게 하는 물건.

📍 한글로 된 가사를 노래로 부르면 한자어의 뜻이 쉽게 이해돼요.

셈 수 하 여	배 울 학 은	숫 자 학 문	수 학 이 고
순 할 순 에	차 례 서 는	선 후 나 열	순 서 이 며
물 댈 주 에	쏠 사 이 면	약 액 주 입	주 사 이 고
수 준 기 준	갖 출 비 에	물 건 물 은	준 비 물 과
바 람 풍 에	배 선 하 면	높 이 뜨 는	풍 선 이 다

📍 이제는 한자로 쓰인 한자어 가사도 쉽게 읽을 수 있어요~~^^

셈 數 하 여	배 울 學 은	數 字 學 問	數 學 이 고
順 할 順 에	次 例 序 는	先 後 羅 列	順 序 이 며
물 댈 注 에	쏠 射 이 면	藥 液 注 入	注 射 이 고
水 準 器 準	갖 출 備 에	物 件 物 은	準 備 物 과
바 람 風 에	배 船 하 면	높 이 뜨 는	風 船 이 다

교과서 한자어 [1학년] **71**

數 學　수학

數　셈　수 + 學　배울　학 = 數學

셈[數]에 대해 배우는[學] 것이 數學이다.

수량 및 공간의 성질에 관하여 연구하는 학문.

❀ 다음 밑줄 친 한자어의 독음을 써 보세요.

이번 **數學**시간에는 숫자의 배열표에 대해서 배워봅시다. (　　　　)

❀ 다음 거꾸로 된 한자의 훈(뜻)과 음(소리)을 써보세요.

훈: [　　　　]　　　　훈: [　　　　]

음: [　　　　]　　　　음: [　　　　]

❀ 다음 중 밑줄 친 낱말에 맞는 한자어에 ○표 하세요.

나는 **수학** 공부가 제일 재미있다.

| 數塺 | 數學 | 樓塺 | 樓學 |

❀ 다음 빈칸에 한자어의 독음을 쓰고, 한자어를 예쁘게 써 보세요.

數學 [　　] = 數 [　　] + 學 [　　]

독음
연습　내일 **數學** 시험을 본다.

| 數 | 學 | 數 | 學 | | | | | | |

順 序　순서

順　순할　순　＋　序　차례　서　＝　順序

 순리대로[順]의 차례[序]가 順序이다.

 정해놓은 차례.

❀ 다음 밑줄 친 한자어의 독음을 써 보세요.

모든 일이 **順序**대로 착착 진행되었다. (　　　　)

❀ 다음 거꾸로 된 한자의 훈(뜻)과 음(소리)을 써보세요.

　훈: [　　　　　]
　　　　　　　　　　음: [　　　　　]

　훈: [　　　　　]
　　　　　　　　　　음: [　　　　　]

❀ 다음 중 밑줄 친 낱말에 맞는 한자어에 ○표 하세요.

모든 일에는 **순서**가 있는 법이다.

| 項序 | 順序 | 順序 | 項序 |

❀ 다음 빈칸에 한자어의 독음을 쓰고, 한자어를 예쁘게 써 보세요.

| 順序 | | ＝ | 順 | | ＋ | 序 | |

 드디어 내가 발표할 **順序**가 되었다.

| 順 | 序 | | | | | | |

注 射　주사

注　물 댈 주 ＋ 射　쏠 사 ＝ 注射

밝기비침 물 대듯이[注] 약액을 몸에 쏘는[射] 것이 注射이다.

사전풀이 약액을 주사기에 넣어 몸에 직접 주입하는 것.

❀ 다음 밑줄 친 한자어의 독음을 써 보세요.

독감 예방 **注射**를 맞으면서 겁이 났다. (　　　　)

❀ 다음 거꾸로 된 한자의 훈(뜻)과 음(소리)을 써보세요.

	훈: [　　　　]
	음: [　　　　]

	훈: [　　　　]
	음: [　　　　]

❀ 다음 중 밑줄 친 낱말에 맞는 한자어에 ○표 하세요.

주사를 맞기 싫어서 병원에 가지 않겠다고 떼를 썼다.

主射	注躬	主躬	注射

❀ 다음 빈칸에 한자어의 독음을 쓰고, 한자어를 예쁘게 써 보세요.

注射 [　　] ＝ 注 [　　] ＋ 射 [　　]

독음연습 내 동생은 씩씩하게 **注射**를 맞습니다.

注	射	注	射						

準備物 준비물

準 수준기 준 + 備 갖출 비 + 物 물건 물 = 準備物

 수준기[準] 등을 갖추어[備] 두는 물건[物]이 準備物이다.

미리 마련해 갖추는 물건.

❀ 다음 밑줄 친 한자어의 독음을 써 보세요.

내일 학교에 가져갈 <u>準備物</u>을 미리 챙겨두었다. (   )

❀ 다음 거꾸로 된 한자의 훈(뜻)과 음(소리)을 써보세요.

[   ]   [   ]   [   ]

[   ]   [   ]   [   ]

❀ 다음 중 밑줄 친 낱말에 맞는 한자어에 ○표 하세요.

오늘 <u>준비물</u>을 깜빡 잊어서 친구에게 빌릴 수 밖에 없었다.

準備物   隼備物   準備籾   準憊物

❀ 다음 빈칸에 한자어의 독음을 쓰고, 한자어를 예쁘게 써 보세요.

準備物 [   ] / 準 + 備 + 物

독음
연습 다음의 <u>準備物</u>을 잊지 말고 꼭 가져오기 바랍니다.

準	備	物	準	備	物			

風 船　　풍선

風 바람 풍 + 船 배 선 = 風船

바람[風]을 넣어 배[船]처럼 뜨게 하는 물건이 風船이다.

커다란 주머니에 공기를 넣어서 공중에 뜨게 하는 물건.

❀ 다음 밑줄 친 한자어의 독음을 써 보세요.

운동회날 오색 **風船**과 색종이가 하늘을 덮었다. (　　　　)

❀ 다음 거꾸로 된 한자의 훈(뜻)과 음(소리)을 써보세요.

　훈: [　　　　　]　　　훈: [　　　　　]

　음: [　　　　　]　　　음: [　　　　　]

❀ 다음 중 밑줄 친 낱말에 맞는 한자어에 ○표 하세요.

삼촌은 **풍선**으로 다양한 동물을 만들어 주었다.

鳳船	風鉛	風船	鳳鉛

❀ 다음 빈칸에 한자어의 독음을 쓰고, 한자어를 예쁘게 써 보세요.

風船 [　　　] = 風 [　　] + 船 [　　]

독음연습 風船 여러 개를 불었더니 입이 아팠다.

風	船	風	船						

1. 다음 ☐☐안에 알맞은 한자어를 <보기>에서 찾아 써 보세요.

| 보기 | 風船 數學 準備物 注射 順序 |

셈 수 하 여	배 울 학 은	수 자 학 문	☐ ☐	이 고
순 할 순 에	차 례 서 는	선 후 나 열	☐ ☐	이 며
물 댈 주 에	쏠 사 이 면	약 액 주 입	☐ ☐	이 고
수 준 기 준	갖 출 비 에	물 건 물 은	☐ ☐	과
바 람 풍 에	배 선 하 면	높 이 뜨 는	☐ ☐	이 다

2. 다음 한자어에 독음과 알맞은 뜻을 바르게 연결하세요.

① 數學 · · 순서 · · 커다란 주머니에 공기를 넣어서 공중에 뜨게하는 물건.

② 順序 · · 수학 · · 미리 마련해 갖추는 물건.

③ 注射 · · 풍선 · · 정해놓은 차례.

④ 準備物 · · 준비물 · · 수량 및 공간의 성질에 관하여 연구하는 학문.

⑤ 風船 · · 주사 · · 약액을 주사기에 넣어 몸에 직접 주입하는 것.

3. 다음 한자어의 독음을 쓰고, 예쁘게 한자로 써 보세요.

① 數學 　　　 | 數 | 學 | 數 | 學 | | |
② 順序 　　　 | 順 | 序 | 順 | 序 | | |
③ 注射 　　　 | 注 | 射 | 注 | 射 | | |
④ 準備物 　　　 | 準 | 備 | 物 | 準 | 備 | 物 |
⑤ 風船 　　　 | 風 | 船 | 風 | 船 | | |

4. 다음 한자어의 뜻을 쓰세요.

① 風船 ➡
② 數學 ➡
③ 準備物 ➡
④ 注射 ➡
⑤ 順序 ➡

5. 다음 한자어를 한자를 써서 완성해 보세요.

주 사	수 학	순 서	준 비	풍 선
射	學	序	備	船

바른 생활

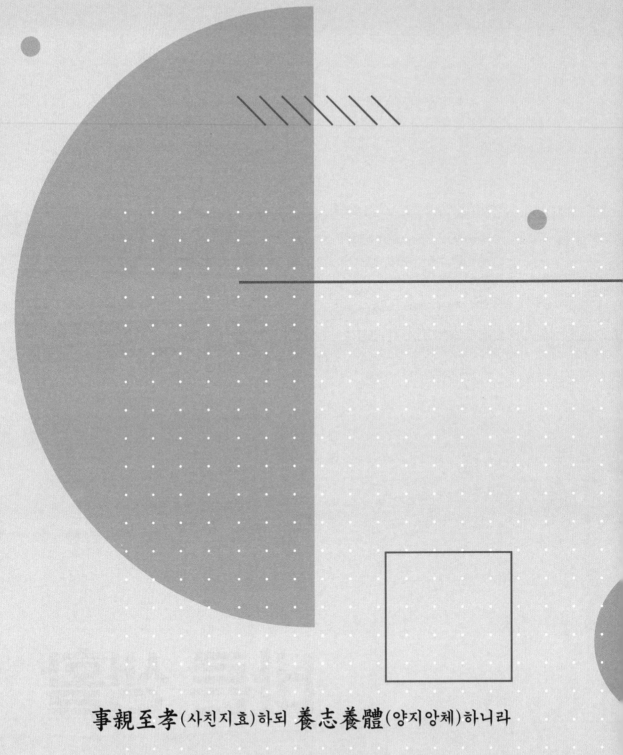

事親至孝(사친지효)하되 **養志養體**(양지양체)하니라

어버이를 섬김에는 지극한 효도로 하되,
뜻을 받들고 몸을 잘 봉양해 드려야 한다. 《인성보감》

1.	가족(家族)	부부를 중심으로 한 가정을 이루는 사람들.
2.	감사(感謝)	고맙게 여기는 마음.
3.	소개(紹介)	모르는 두 사람이 서로 알고 지내도록 관계를 맺어줌.
4.	식물(植物)	생물을 동물과 식물로 나누는 일부분.
5.	식사(食事)	끼니로 음식을 먹음.

📍 한글로 된 가사를 노래로 부르면 한자어의 뜻이 쉽게 이해돼요.

집 가 에 다	겨 레 족 은	부 부 자 녀	가 족 이 고
느 낄 감 에	사 례 할 사	고 마 워 서	감 사 하 며
이 을 소 에	끼 일 개 는	서 로 알 게	소 개 하 고
심 을 식 에	물 건 물 은	동 물 구 별	식 물 이 며
끼 니 마 다	음 식 먹 는	밥 식 일 사	식 사 이 다

📍 이제는 한자로 쓰인 한자어 가사도 쉽게 읽을 수 있어요~~^^

집 家 에 다	겨 레 族 은	夫 婦 子 女	家 族 이 고
느 낄 感 에	謝 禮 할 謝	고 마 워 서	感 謝 하 며
이 을 紹 에	끼 일 介 는	서 로 알 게	紹 介 하 고
심 을 植 에	物 件 物 은	動 物 區 別	植 物 이 며
끼 니 마 다	飮 食 먹 는	밥 食 일 事	食 事 이 다

家 族 가족

家 집 가 + 族 겨레 족 = 家族

집안[家]을 이루는 겨레[族]가 家族이다.

부부를 중심으로 한 가정을 이루는 사람들.

❀ 다음 밑줄 친 한자어의 독음을 써 보세요.

전시회에는 <u>家族</u> 단위의 관람객들이 많았다. (   )

❀ 다음 거꾸로 된 한자의 훈(뜻)과 음(소리)을 써보세요.

훈: [   ]

음: [   ]

훈: [   ]

음: [   ]

❀ 다음 중 밑줄 친 낱말에 맞는 한자어에 ○표 하세요.

잃어버렸던 아이가 <u>가족</u> 품으로 돌아왔다.

家族   家旋   家族   冢旋

❀ 다음 빈칸에 한자어의 독음을 쓰고, 한자어를 예쁘게 써 보세요.

家族 [   ] = 家 [   ] + 族 [   ]

우리 家族은 화목하게 살아갑니다.

家 族 家 族

感 謝　감사

感 　느낄 **감** ＋ 謝 　사례할 **사** ＝ 感謝

 고맙게 느끼어[感] 사례하는[謝] 것이 感謝이다.

 고맙게 여기는 마음.

❀ 다음 밑줄 친 한자어의 독음을 써 보세요.

어버이날에 부모님께 **感謝**의 편지를 써서 드렸다. (　　　　)

❀ 다음 거꾸로 된 한자의 훈(뜻)과 음(소리)을 써보세요.

　　훈: [　　　　]
　　　　　　　음: [　　　　]

　　훈: [　　　　]
　　　　　　　음: [　　　　]

❀ 다음 중 밑줄 친 낱말에 맞는 한자어에 ○표 하세요.

베풀어 주신 은혜에 어떻게 **감사**를 드려야 할지 모르겠습니다.

感謝　　咸射　　感射　　咸謝

❀ 다음 빈칸에 한자어의 독음을 쓰고, 한자어를 예쁘게 써 보세요.

感謝 [　　　] ＝ 感 [　　　] ＋ 謝 [　　　]

 우편물을 갖다 주는 집배원 아저씨께 **感謝**를 드립니다.

紹 介 소개

| 紹 | 이을 **소** | + | 介 | 끼일 **개** | = | 紹介 |

(삽기비평) 둘 사이에 끼어들어[介] 서로 이어주는[紹] 것이 紹介이다.

(어휘풀이) 모르는 두 사람이 서로 알고 지내도록 관계를 맺어줌.

❀ 다음 밑줄 친 한자어의 독음을 써 보세요.

다음 차례에 내 **紹介**를 하기 위해 준비하고 있었다. (   )

❀ 다음 거꾸로 된 한자의 훈(뜻)과 음(소리)을 써보세요.

훈: [   ]

음: [   ]

훈: [   ]

음: [   ]

❀ 다음 중 밑줄 친 낱말에 맞는 한자어에 ○표 하세요.

두 사람은 선생님의 **소개**로 만났다.

| 詔介 | 紹介 | 詔个 | 紹个 |

❀ 다음 빈칸에 한자어의 독음을 쓰고, 한자어를 예쁘게 써 보세요.

| 紹介 | | = | 紹 | | + | 介 | |

(독음연습) 나는 어느 누구의 **紹介**도 없이 그 사람을 찾아갔다.

紹	介	紹	介				

植 物 　식물

植　심을 **식** ＋ 物　물건 **물** ＝ 植物

- 땅에 심어져[植] 있는 생물[物]이 植物이다.
- 생물을 동물과 식물로 나누는 일부분.

❀ 다음 밑줄 친 한자어의 독음을 써 보세요.

다음 **植物**의 이름을 알아맞혀 봅시다. (　　　　)

❀ 다음 거꾸로 된 한자의 훈(뜻)과 음(소리)을 써보세요.

훈: [　　　　]　　훈: [　　　　]
음: [　　　　]　　음: [　　　　]

❀ 다음 중 밑줄 친 낱말에 맞는 한자어에 ○표 하세요.

만약 **식물**이 없다면 자연 환경은 어떻게 변할까?

植物　　植粉　　植物　　植物

❀ 다음 빈칸에 한자어의 독음을 쓰고, 한자어를 예쁘게 써 보세요.

植物　[　　　] ＝ 植 [　　　] ＋ 物 [　　　]

여러 가지 **植物**을 채집해서 특징을 알아봅시다.

植	物	植	物						

食 事 식사

食 밥 식 + 事 일 사 = 食事

 음식을 먹는[食] 일[事]이 食事이다.

 끼니로 음식을 먹음.

❀ 다음 밑줄 친 한자어의 독음을 써 보세요.

다 같이 모여 **食事**하는 시간이 제일 즐겁다. (   )

❀ 다음 거꾸로 된 한자의 훈(뜻)과 음(소리)을 써보세요.

   훈: [   ]   훈: [   ]
                          음: [   ]   음: [   ]

❀ 다음 중 밑줄 친 낱말에 맞는 한자어에 ○표 하세요.

다음 **식사** 당번은 누구인지 알아보고 오너라.

倉事   食事   食聿   倉聿

❀ 다음 빈칸에 한자어의 독음을 쓰고, 한자어를 예쁘게 써 보세요.

食事 [   ] = 食 [   ] + 事 [   ]

 온 가족이 함께 저녁 **食事**를 하였다.

食 事 食 事

▶▶▶

1. 다음 ☐☐안에 알맞은 한자어를 <보기>에서 찾아 써 보세요.

보기	食事	家族	植物	感謝	紹介

집 가 에 다	겨 레 족 은	부 부 자 녀	☐ ☐	이 고
느 낄 감 에	사 례 할 사	고 마 워 서	☐ ☐	하 며
이 을 소 에	끼 일 개 는	서 로 알 게	☐ ☐	하 고
심 을 식 에	물 건 물 은	동 물 구 별	☐ ☐	이 며
끼 니 마 다	음 식 먹 는	밥 식 일 사	☐ ☐	이 다

2. 다음 한자어에 독음과 알맞은 뜻을 바르게 연결하세요.

① 家族 • • 소개 • • 고맙게 여기는 마음.

② 感謝 • • 감사 • • 모르는 두 사람이 서로 알고 지내도록 관계를 맺어줌.

③ 紹介 • • 가족 • • 부부를 중심으로 한 가정을 이루는 사람들.

④ 植物 • • 식사 • • 생물을 동물과 식물로 나누는 일부분.

⑤ 食事 • • 식물 • • 끼니로 음식을 먹음.

3. 다음 한자어의 독음을 쓰고, 예쁘게 한자로 써 보세요.

① 家族 　　　　　 家 族 家 族
② 感謝 　　　　　 感 謝 感 謝
③ 紹介 　　　　　 紹 介 紹 介
④ 植物 　　　　　 植 物 植 物
⑤ 食事 　　　　　 食 事 食 事

4. 다음 한자어의 뜻을 쓰세요.

① 感謝 ➡
② 食事 ➡
③ 紹介 ➡
④ 植物 ➡
⑤ 家族 ➡

5. 다음 한자어를 한자를 써서 완성해 보세요.

소	개	감	사	식	사	가	족	식	물
	介	感		食			族		物

1. **안전 (安全)** | 위험이나 사고가 날 염려가 없는 상태.
2. **주변 (周邊)** | 주위의 가장자리.
3. **학교 (學校)** | 교사가 학생들에게 교육을 시키는 기관.
4. **행사 (行事)** | 특정한 목적이나 계획을 가지고 절차에 따라 진행하는 일.
5. **확인 (確認)** | 확실하게 알아보거나 인정함.

📍 한글로 된 가사를 노래로 부르면 한자어의 뜻이 쉽게 이해돼요.

편 안 할 안	온 전 할 전	편 안 온 전	안 전 이 고
두 루 주 에	가 변 이 면	어 떤 둘 레	주 변 이 며
배 울 학 에	학 교 교 는	배 우 는 집	학 교 이 고
행 할 행 에	일 사 하 니	계 획 진 행	행 사 이 며
굳 을 확 에	알 인 이 면	확 실 인 정	확 인 이 다

📍 이제는 한자로 쓰인 한자어 가사도 쉽게 읽을 수 있어요~~^^

便 安 할 安	穩 全 할 全	便 安 穩 全	安 全 이 고
두 루 周 에	가 邊 이 면	어 떤 둘 레	周 邊 이 며
배 울 學 에	學 校 校 는	배 우 는 집	學 校 이 고
行 할 行 에	일 事 하 니	計 劃 進 行	行 事 이 며
굳 을 確 에	알 認 이 면	確 實 認 定	確 認 이 다

安 全 안전

安 편안할 **안** + 全 온전할 **전** = 安全

편안하고[安] 온전한[全] 상태가 安全이다.

위험이나 사고가 날 염려가 없는 상태.

❀ 다음 밑줄 친 한자어의 독음을 써 보세요.

횡단보도는 좌우를 살피고 **安全**하게 건너야 한다. (   )

❀ 다음 거꾸로 된 한자의 훈(뜻)과 음(소리)을 써보세요.

훈: [   ]
음: [   ]

훈: [   ]
음: [形便   ]

❀ 다음 중 밑줄 친 낱말에 맞는 한자어에 ○표 하세요.

물놀이를 할 때에는 **안전** 수칙을 잘 지켜야 한다.

·	·	·	·
安全	安金	案全	案金

❀ 다음 빈칸에 한자어의 독음을 쓰고, 한자어를 예쁘게 써 보세요.

安全 [   ] = 安 [   ] + 全 [   ]

독음연습 **安全**하게 인도로 다녀야 한다.

安	全	安	全					

周 邊 주변

| 周 | 두루 주 | + | 邊 | 가 변 | = | 周邊 |

암기비력 주위[周]의 가장자리[邊]가 周邊이다.

사전풀이 주위의 가장자리.

❀ 다음 밑줄 친 한자어의 독음을 써 보세요.

학교 <u>周邊</u>에서는 자동차가 서행 운행을 해야 한다. (   )

❀ 다음 거꾸로 된 한자의 훈(뜻)과 음(소리)을 써보세요.

훈: [   ]   훈: [   ]

음: [   ]   음: [   ]

❀ 다음 중 밑줄 친 낱말에 맞는 한자어에 ○표 하세요.

생활 **주변**에서 늘 일어나는 일이라고 생각했다.

| 周邊 | 用邊 | 周籩 | 用籩 |

❀ 다음 빈칸에 한자어의 독음을 쓰고, 한자어를 예쁘게 써 보세요.

| 周邊 | | = | 周 | | + | 邊 | |

독음연습 호수 周邊의 경관이 정말 아름다웠다.

| 周 | 邊 | 周 | 邊 | | | | |

學 校 학교

學 배울 **학** + 校 학교 **교** = 學校

배우도록[學] 설립[校]한 곳이 學校이다.

교사가 학생에게 교육을 시키는 기관.

✿ 다음 밑줄 친 한자어의 독음을 써 보세요.

나는 學校에서 밤늦게까지 공부를 하였다. (   )

✿ 다음 거꾸로 된 한자의 훈(뜻)과 음(소리)을 써보세요.

훈: [   ]   훈: [   ]

음: [   ]   음: [   ]

✿ 다음 중 밑줄 친 낱말에 맞는 한자어에 ○표 하세요.

우리 **학교**는 야구로 유명하다.

學狡   覺狡   學校   覺校

✿ 다음 빈칸에 한자어의 독음을 쓰고, 한자어를 예쁘게 써 보세요.

學校 [   ] = 學 [   ] + 校 [   ]

나는 시골 學校로 전학을 가게 되었다.

學	校	學	校						

行 事 　행사

行 　행할 **행** ＋ 事 　일 　**사** ＝ 行事

어떤 일[事]을 행하는[行] 것이 行事이다.

어떤 일을 시행함. 또는 그 일.

❀ 다음 밑줄 친 한자어의 독음을 써 보세요.

비가 오면 **行事**를 취소하게 될 것이라고 안내하였다. (　　　　)

❀ 다음 옆으로 된 한자의 훈(뜻)과 음(소리)을 써보세요.

　훈: [　　　　　]　　 　훈: [　　　　　]

　음: [　　　　　]　 車　음: [　　　　　]

❀ 다음 중 밑줄 친 낱말에 맞는 한자어에 ○표 하세요.

학교에서는 이번 운동회를 위해 다채로운 **행사**를 마련하였다.

行聿	衍事	衍聿	行事

❀ 다음 빈칸에 한자어의 독음을 쓰고, 한자어를 예쁘게 써 보세요.

行事 [　　] ＝ 行 [　　] ＋ 事 [　　]

독음연습 이번 **行事**가 성공적으로 마칠 수 있도록 모두 노력하였다.

行	事	行	事				

確 認 확인

確 굳을 확 + 認 알 인 = 確認

확실하게[確] 알아보는[認] 것이 確認이다.

확실하게 알아보거나 인정함.

✿ 다음 밑줄 친 한자어의 독음을 써 보세요.

심판의 **確認** 도장을 팔에 받아 오세요. (　　　　)

✿ 다음 거꾸로 된 한자의 훈(뜻)과 음(소리)을 써보세요.

훈: [　　　　　] 　　　훈: [　　　　　]

음: [　　　　　] 　　　음: [　　　　　]

✿ 다음 중 밑줄 친 낱말에 맞는 한자어에 ○표 하세요.

그는 나의 질문에 대해 **확인**해 주었다.

确認　　　確認　　　确忍　　　確忍

✿ 다음 빈칸에 한자어의 독음을 쓰고, 한자어를 예쁘게 써 보세요.

確認 [　　　] = 確 [　　　] + 認 [　　　]

確認해 본 결과 내 작품이 제일 우수하다고 평가를 받았다.

確	認	確	認					

1. 다음 ☐☐안에 알맞은 한자어를 <보기>에서 찾아 써 보세요.

보기	行事 周邊 確認 安全 學校

편안할 안	온전할 전	편안온전		이고
두루주에	가변이면	어떤둘레		이며
배울학에	학교교는	배우는집		이고
행할행에	일사하니	계획진행		이며
굳을확에	알인이면	확실인정		이다

2. 다음 한자어에 독음과 알맞은 뜻을 바르게 연결하세요.

① 學校 · · 안전 · · 특정한 목적이나 계획을 가지고 절차에 따라 진행하는 일.

② 行事 · · 학교 · · 교사가 학생들에게 교육을 시키는 기관.

③ 安全 · · 행사 · · 위험이나 사고가 날 염려가 없는 상태.

④ 周邊 · · 확인 · · 주위의 가장자리.

⑤ 確認 · · 주변 · · 확실하게 알아보거나 인정함.

3. 다음 한자어의 독음을 쓰고, 예쁘게 한자로 써 보세요.

① 安全

② 周邊

③ 學校

④ 行事

⑤ 確認

4. 다음 한자어의 뜻을 쓰세요.

① 周邊 ➡

② 確認 ➡

③ 行事 ➡

④ 學校 ➡

⑤ 安全 ➡

5. 다음 한자어를 한자를 써서 완성해 보세요.

안	전	주	변	확	인	학	교	행	사
安			邊	確		學		行	

슬기로운 생활

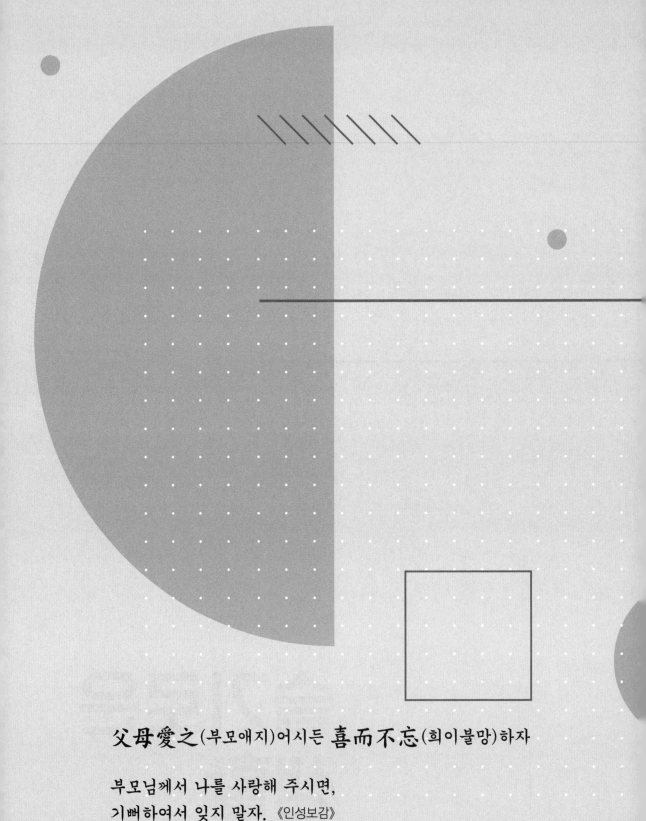

父母愛之(부모애지)어시든 喜而不忘(희이불망)하자

부모님께서 나를 사랑해 주시면,
기뻐하여서 잊지 말자. 《인성보감》

1.	계획 (計劃)	앞으로 할 일 등을 미리 생각하여 안건을 세우는 일.
2.	관련 (關聯)	무엇이 다른 어떤 것과 서로 연결되어 얽혀 있음.
3.	봉사 (奉仕)	국가나 사회 남을 위해 하는 일.
4.	비밀 (秘密)	남에게 알리지 않고 숨기는 일.
5.	실천 (實踐)	실제로 행함.

📍 한글로 된 가사를 노래로 부르면 한자어의 뜻이 쉽게 이해돼요.

꾀 계 에 다	그 을 획 은	미 리 구 상	계 획 이 고
빗 장 관 에	잇 달 련 은	서 로 얽 힌	관 련 이 며
받 들 봉 에	벼 슬 할 사	남 을 위 한	봉 사 이 고
숨 길 비 에	빽 빽 할 밀	숨 기 는 일	비 밀 이 며
열 매 실 에	밟 을 천 은	실 제 행 함	실 천 이 다

📍 이제는 한자로 쓰인 한자어 가사도 쉽게 읽을 수 있어요~~^^

꾀 計 에 다	그 을 劃 은	미 리 構 想	計 劃 이 고
빗 장 關 에	잇 달 聯 은	서 로 얽 힌	關 聯 이 며
받 들 奉 에	벼 슬 할 仕	남 을 爲 한	奉 仕 이 고
숨 길 秘 에	빽 빽 할 密	숨 기 는 일	秘 密 이 며
열 매 實 에	밟 을 踐 은	實 際 行 함	實 踐 이 다

計 劃 계획

計 꾀 계 + 劃 그을 획 = 計劃

할 일을 꾀하고[計] 일정을 나누는[劃] 것이 計劃이다.

앞으로 할 일 등을 미리 생각하여 안건을 세우는 일.

❀ 다음 밑줄 친 한자어의 독음을 써 보세요.

우리는 여름 방학 여행 **計劃**을 치밀하게 세웠다. (   )

❀ 다음 거꾸로 된 한자의 훈(뜻)과 음(소리)을 써보세요.

計   훈: [   ]   劃   훈: [   ]
     음: [   ]   음: [   ]

❀ 다음 중 밑줄 친 낱말에 맞는 한자어에 ○표 하세요.

그들은 이번 행사를 위해 치밀하게 사전 **계획**을 세워 놓았다.

計畫   針畫   計劃   針劃

❀ 다음 빈칸에 한자어의 독음을 쓰고, 한자어를 예쁘게 써 보세요.

計劃 [   ] = 計 [   ] + 劃 [   ]

나는 아무런 **計劃**도 없이 무작정 여행을 떠나기로 했다.

計 劃 計 劃

關 聯 관련

關 빗장 관 + 聯 잇달 련 = 關聯

(암기 비법) 빗장[關]처럼 잇달아[聯] 있는 것이 關聯이다.

(개념 풀이) 무엇이 다른 어떤 것과 서로 연결되어 얽혀 있음.

❀ 다음 밑줄 친 한자어의 독음을 써 보세요.

우리 학교 **關聯** 기사가 아침 신문에 크게 실렸다. (   )

❀ 다음 거꾸로 된 한자의 훈(뜻)과 음(소리)을 써보세요.

훈: [   ]
음: [   ]

훈: [   ]
음: [   ]

❀ 다음 중 밑줄 친 낱말에 맞는 한자어에 ○표 하세요.

그는 이번 일과 아무런 **관련**이 없다고 확인 되었다.

關聊	關聯	開聊	開聯

❀ 다음 빈칸에 한자어의 독음을 쓰고, 한자어를 예쁘게 써 보세요.

關聯		=	關		+	聯	

(독음 연습) 이 질문과 **關聯**이 있는 자료를 조사해 보자.

關	聯	關	聯				

奉仕 봉사

奉 받들 봉 + 仕 벼슬할 사 = 奉仕

벼슬을[仕] 할수록 백성을 받드는[奉] 것이 奉仕이다.

국가나 사회 남을 위해 하는 일.

❀ 다음 밑줄 친 한자어의 독음을 써 보세요.

삼촌은 아프리카로 **奉仕**활동을 떠났다. (   )

❀ 다음 거꾸로 된 한자의 훈(뜻)과 음(소리)을 써보세요.

훈: [   ]
음: [   ]

훈: [   ]
음: [   ]

❀ 다음 중 밑줄 친 낱말에 맞는 한자어에 ○표 하세요.

대가를 바라고 하는 **봉사**는 진정한 봉사가 아니다.

奉士	俸士	奉仕	俸仕

❀ 다음 빈칸에 한자어의 독음을 쓰고, 한자어를 예쁘게 써 보세요.

奉仕 [   ] = 奉 [   ] + 仕 [   ]

누나는 사람들을 돕는 奉仕 활동을 펴고 있다.

奉	仕	奉	仕				

秘 · 密 비밀

秘 숨길 비 ＋ 密 빽빽할 밀 ＝ 秘密

알기쉬운
빽빽한[密] 곳에 숨기는[秘] 것이 秘密이다.

사전풀이
남에게 알리지 않고 숨기는 일.

❀ 다음 밑줄 친 한자어의 독음을 써 보세요.

秘密 번호를 잘 기억해 두어야 한다. (   )

❀ 다음 거꾸로 된 한자의 훈(뜻)과 음(소리)을 써보세요.

훈: [   ]

음: [   ]

훈: [   ]

음: [   ]

❀ 다음 중 밑줄 친 낱말에 맞는 한자어에 ○표 하세요.

우리는 동굴에서 **비밀**의 문을 찾아보기로 하였다.

| 秘密 | 秘蜜 | 泌蜜 | 泌密 |

❀ 다음 빈칸에 한자어의 독음을 쓰고, 한자어를 예쁘게 써 보세요.

| 秘密 | | ＝ | 秘 | | ＋ | 密 | |

독음연습
아무에게나 **秘密**을 털어놓지 말도록 해라.

| 秘 | 密 | 秘 | 密 | | | | | | |

實 踐 실천

| 實 | 열매 실 | + | 踐 | 밟을 천 | = | 實踐 |

실제로[實] 밟아보는[踐] 것이 實踐이다.

실제로 행함.

❀ 다음 밑줄 친 한자어의 독음을 써 보세요.

마음먹은 바를 **實踐**에 옮기기로 하였다. (   )

❀ 다음 거꾸로 된 한자의 훈(뜻)과 음(소리)을 써보세요.

훈: [   ]
음: [   ]

훈: [   ]
음: [   ]

❀ 다음 중 밑줄 친 낱말에 맞는 한자어에 ○표 하세요.

천 마디 말보다 한 번의 **실천**이 더 중요하다.

| ·
貫踐 | ·
實賤 | ·
貫賤 | ·
實踐 |

❀ 다음 빈칸에 한자어의 독음을 쓰고, 한자어를 예쁘게 써 보세요.

| 實踐 | | = | 實 | | + | 踐 | |

 환경운동은 일상생활 속에서 **實踐**되어야 한다.

| 實 | 踐 | 實 | 踐 | | | | |

1. 다음 ☐☐안에 알맞은 한자어를 <보기>에서 찾아 써 보세요.

보기	實踐　　計劃　　秘密　　關聯　　奉仕

꾀 계 에 다	그 을 획 은	미 리 구 상		이 고
빗 장 관 에	잇 달 련 은	서 로 얽 힌		이 며
받 들 봉 에	벼 슬 할 사	남 을 위 한		이 고
숨 길 비 에	빽 빽 할 밀	숨 기 는 일		이 며
열 매 실 에	밟 을 천 은	실 제 행 함		이 다

2. 다음 한자어에 독음과 알맞은 뜻을 바르게 연결하세요.

① 計劃 • • 관련 • • 앞으로 할 일 등을 미리 생각하여 안건을 세우는 일.

② 關聯 • • 계획 • • 무엇이 다른 어떤 것과 서로 연결되어 얽혀 있음.

③ 奉仕 • • 실천 • • 남에게 알리지 않고 숨기는 일.

④ 秘密 • • 봉사 • • 국가나 사회 남을 위해 하는 일.

⑤ 實踐 • • 비밀 • • 실제로 행함.

3. 다음 한자어의 독음을 쓰고, 예쁘게 한자로 써 보세요.

① 計劃　[　　]　計 劃 計 劃

② 關聯　[　　]　關 聯 關 聯

③ 奉仕　[　　]　奉 仕 奉 仕

④ 秘密　[　　]　秘 密 秘 密

⑤ 實踐　[　　]　實 踐 實 踐

4. 다음 한자어의 뜻을 쓰세요.

① 秘密 ➡

② 計劃 ➡

③ 奉仕 ➡

④ 關聯 ➡

⑤ 實踐 ➡

5. 다음 한자어를 한자를 써서 완성해 보세요.

실	천	비	밀	봉	사	계	획	관	련
	踐		密		仕		劃		關

1. **유형 (類型)** 공통되는 성질이나 특징을 가진 것들을 묶은 하나의 틀.
2. **주제 (主題)** 연구나 토의 등에서 중심이 되는 문제.
3. **청소 (淸掃)** 쓸고 닦아서 깨끗이 함.
4. **탐구 (探求)** 필요한 것을 더듬어 찾아내거나 구함.
5. **태풍 (颱風)** '폭풍(暴風)'이나 '싹쓸바람'을 일반적으로 이르는 말.

📍 한글로 된 가사를 노래로 부르면 한자어의 뜻이 쉽게 이해돼요.

무 리 류 에	거 푸 집 형	무 리 의 틀	유 형 이 고
주 인 주 에	표 제 제 는	중 심 제 목	주 제 이 며
맑 을 청 에	쓸 소 이 니	맑 게 쓸 어	청 소 하 고
찾 을 탐 에	구 할 구 는	찾 아 구 함	탐 구 이 며
태 풍 태 에	바 람 풍 은	맹 렬 바 람	태 풍 이 다

📍 이제는 한자로 쓰인 한자어 가사도 쉽게 읽을 수 있어요~~^^

무 리 類 에	거 푸 집 型	무 리 의 틀	類 型 이 고
主 人 主 에	標 題 題 는	中 心 題 目	主 題 이 며
맑 을 淸 에	쓸 掃 이 니	맑 게 쓸 어	淸 掃 하 고
찾 을 探 에	求 할 求 는	찾 아 求 함	探 求 이 며
颱 風 颱 에	바 람 風 은	猛 烈 바 람	颱 風 이 다

類型 유형

類 무리 **류** + 型 거푸집 **형** = 類型

무리[類]들을 거푸집[型]처럼 묶어 놓은 틀이 類型이다.

공통되는 성질이나 특징을 가진 것들을 묶은 하나의 틀.

❀ 다음 밑줄 친 한자어의 독음을 써 보세요.

다음 <u>類型</u>의 문제들을 많이 연습해 보는 것이 좋다. (　　　)

❀ 다음 거꾸로 된 한자의 훈(뜻)과 음(소리)을 써보세요.

훈: [　　　　]
음: [　　　　]

훈: [　　　　]
음: [　　　　]

❀ 다음 중 밑줄 친 낱말에 맞는 한자어에 ○표 하세요.

생물은 크게 동물과 식물의 두 <u>유형</u>으로 나눌 수 있다.

·	·	·	·
類型	類刑	樓刑	樓型

❀ 다음 빈칸에 한자어의 독음을 쓰고, 한자어를 예쁘게 써 보세요.

類型		=	類		+	型	

이번 중간고사의 <u>類型</u>은 전혀 뜻밖이어서 당황하였다.

類	型	類	型				

主 題　주제

主　주인　주　＋　題　표제　제　＝　主題

주인[主]된 표제[題]가 主題이다.

연구나 토의 등에서 중심이 되는 문제.

❀ 다음 밑줄 친 한자어의 독음을 써 보세요.

그는 사랑을 **主題**로 시를 썼다. (　　　)

❀ 다음 거꾸로 된 한자의 훈(뜻)과 음(소리)을 써보세요.

主　훈: [　　　　]　　題　훈: [　　　　]

　　음: [　　　　]　　　　음: [　　　　]

❀ 다음 중 밑줄 친 낱말에 맞는 한자어에 ○표 하세요.

우리는 환경 문제를 연구의 **주제**로 삼았다.

王題	主匙	主題	王匙

❀ 다음 빈칸에 한자어의 독음을 쓰고, 한자어를 예쁘게 써 보세요.

主題		=	主		+	題	

독음연습　이 글을 읽고 알맞은 **主題**를 정해 봅시다.

主	題	主	題						

清掃 청소

清 맑을 청 + 掃 쓸 소 = 清掃

맑게[清] 쓸고[掃] 닦는 것이 清掃이다.

쓸고 닦아서 깨끗이 함.

❀ 다음 밑줄 친 한자어의 독음을 써 보세요.

오늘 교실 <u>清掃</u>는 우리 분단이 하기로 하였다. (   )

❀ 다음 거꾸로 된 한자의 훈(뜻)과 음(소리)을 써보세요.

훈: [   ]
음: [   ]

훈: [   ]
음: [   ]

❀ 다음 중 밑줄 친 낱말에 맞는 한자어에 ○표 하세요.

아버지께서는 매일 아침 동네 골목길을 <u>청소</u>하신다.

清掃   清婦   清婦   清掃

❀ 다음 빈칸에 한자어의 독음을 쓰고, 한자어를 예쁘게 써 보세요.

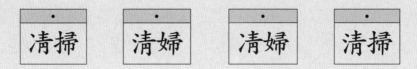
清掃 [   ] = 清 [   ] + 掃 [   ]

나는 이번 주에 교실 清掃 당번이다.

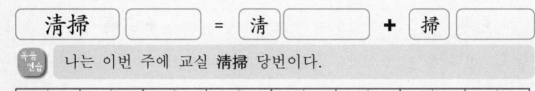

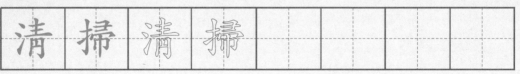
清 掃 清 掃

探 求 탐구

| 探 | 찾을 | 탐 | + | 求 | 구할 | 구 | = | 探求 |

찾아내거나[探] 구하는[求] 것이 探求이다.

필요한 것을 더듬어 찾아내거나 구함.

❀ 다음 밑줄 친 한자어의 독음을 써 보세요.

이번 숙제는 계곡에 사는 생물을 <u>探求</u>해 보는 것이다. (　　　　)

❀ 다음 거꾸로 된 한자의 훈(뜻)과 음(소리)을 써보세요.

훈: [　　　　]　　음: [　　　　]

훈: [　　　　]　　음: [　　　　]

❀ 다음 중 밑줄 친 낱말에 맞는 한자어에 ○표 하세요.

<u>탐구</u> 생활을 아직 다하지 못했는데 벌써 방학이 끝나가고 있다.

| 深求 | 探求 | 探球 | 深球 |

❀ 다음 빈칸에 한자어의 독음을 쓰고, 한자어를 예쁘게 써 보세요.

| 探求 | 　　 | = | 探 | 　　 | + | 求 | 　　 |

우리들은 여러 가지 대안을 探求하기 위해 모였다.

| 探 | 求 | 探 | 求 | | | | | |

颱 風 태풍

颱 태풍 태 + 風 바람 풍 = 颱風

감기떼꼭 태풍[颱] 즉 싹쓸바람[風]이 颱風이다.

사원풀이 '폭풍(暴風)'이나 '싹쓸바람'을 일반적으로 이르는 말.

❀ 다음 밑줄 친 한자어의 독음을 써 보세요.

이번 **颱風**은 작년보다 훨씬 더 강하다고 한다. (   )

❀ 다음 거꾸로 된 한자의 훈(뜻)과 음(소리)을 써보세요.

훈: [   ]
음: [   ]

훈: [   ]
음: [   ]

❀ 다음 중 밑줄 친 낱말에 맞는 한자어에 ○표 하세요.

태풍이 남해안을 강타해서 많은 피해가 발생했다고 한다.

·	·	·	·
颱鳳	楓風	颱風	楓鳳

❀ 다음 빈칸에 한자어의 독음을 쓰고, 한자어를 예쁘게 써 보세요.

颱風 [   ] = 颱 [   ] + 風 [   ]

독음연습 동해안을 강타한 **颱風**은 초특급인 것으로 알려졌다.

颱	風	颱	風				

▶▶▶

1. 다음 ☐☐안에 알맞은 한자어를 <보기>에서 찾아 써 보세요.

보기	主題	探求	類型	颱風	清掃

무 리 류 에	거 푸 집 형	무 리 의 틀	☐☐	이 고
주 인 주 에	표 제 제 는	중 심 제 목	☐☐	이 며
맑 을 청 에	쓸 소 이 니	맑 게 쓸 어	☐☐	하 고
찾 을 탐 에	구 할 구 는	찾 아 구 함	☐☐	이 며
태 풍 태 에	바 람 풍 은	맹 렬 바 람	☐☐	이 다

2. 다음 한자어에 독음과 알맞은 뜻을 바르게 연결하세요.

① 類型 · · 탐구 · · 필요한 것을 더듬어 찾아내거나 구함.

② 主題 · · 태풍 · · 공통되는 성질이나 특징을 가진 것들을 묶은 하나의 틀.

③ 清掃 · · 유형 · · '폭풍'이나 '싹쓸바람'을 일반적으로 이르는 말.

④ 探求 · · 주제 · · 쓸고 닦아서 깨끗이 함.

⑤ 颱風 · · 청소 · · 연구나 토의 등에서 중심이 되는 문제.

3. 다음 한자어의 독음을 쓰고, 예쁘게 한자로 써 보세요.

① 類型 　　　　類型類型

② 主題 　　　　主題主題

③ 淸掃 　　　　淸掃淸掃

④ 探求 　　　　探求探求

⑤ 颱風 　　　　颱風颱風

4. 다음 한자어의 뜻을 쓰세요.

① 探求 ➡

② 颱風 ➡

③ 類型 ➡

④ 淸掃 ➡

⑤ 主題 ➡

5. 다음 한자어를 한자를 써서 완성해 보세요.

유	형	청	소	태	풍	주	제	탐	구
	型		掃	颱		主		探	

즐거운
생활

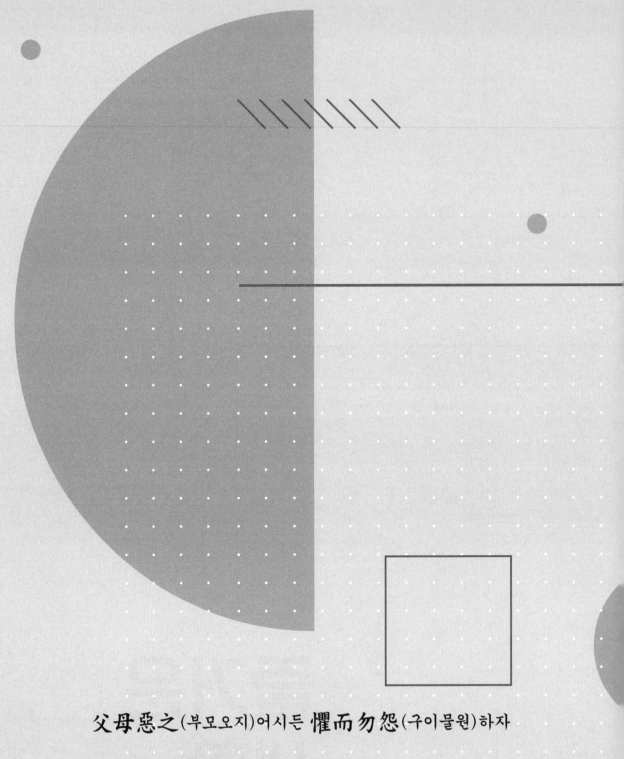

父母惡之(부모오지)어시든 **懼而勿怨**(구이물원)하자

부모님께서 미워하시는 것은,
두려워하되 원망하지 말자. 《인성보감》

1.	거인(巨人)	몸이 유난히 큰 사람.
2.	국기(國旗)	나라를 상징하는 기(한국 : 태극기, 미국 : 성조기).
3.	문구점(文具店)	학용품이나 사무용품 따위를 파는 가게.
4.	문양(文樣)	옷감이나 조각품 따위에 장식으로 넣는 여러 가지 형상.
5.	상징(象徵)	추상적인 사실 생각 따위를 기호나 구체물로 나타내는 일.

📍 한글로 된 가사를 노래로 부르면 한자어의 뜻이 쉽게 이해돼요.

클 거 하 여	사 람 인 은	몸 이 크 다	거 인 이 고
나 라 국 에	깃 발 기 는	나 라 깃 발	국 기 이 며
글 월 문 의	갖 출 구 에	가 게 점 은	문 구 점 과
글 월 문 에	모 양 양 은	장 식 무 늬	문 양 이 며
코 끼 리 상	부 를 징 은	기 호 사 물	상 징 이 다

📍 이제는 한자로 쓰인 한자어 가사도 쉽게 읽을 수 있어요~~^^

클 巨 하 여	사 람 人 은	몸 이 크 다	巨 人 이 고
나 라 國 에	깃 발 旗 는	나 라 깃 발	國 旗 이 며
글 월 文 의	갖 출 具 에	가 게 店 은	文 具 店 과
글 월 文 에	模 樣 樣 은	裝 飾 무 늬	文 樣 이 며
코 끼 리 象	부 를 徵 은	記 號 事 物	象 徵 이 다

巨 人   거인

巨 클 거 + 人 사람 인 = 巨人

(암기 비책) 몸이 큰[巨] 사람[人]이 巨人이다.

(사전 풀이) 몸이 유난히 큰 사람.

❀ 다음 밑줄 친 한자어의 독음을 써 보세요.

그는 **巨人**이라서 걸어가면 마치 전봇대가 움직이는 것 같다. (   )

❀ 다음 거꾸로 된 한자의 훈(뜻)과 음(소리)을 써보세요.

ㅌ   훈: [   ]   Y   훈: [   ]
       음: [   ]   음: [   ]

❀ 다음 중 밑줄 친 낱말에 맞는 한자어에 ○표 하세요.

그는 **거인**과 싸워 이기고 공주를 구했다는 전설의 주인공이다.

臣人   巨人   巨入   臣入

❀ 다음 빈칸에 한자어의 독음을 쓰고, 한자어를 예쁘게 써 보세요.

巨人 [   ] = 巨 [   ] + 人

(독음 연습) 상대 선수가 워낙 巨人이어서 경기 시작 전부터 기가 죽었다.

巨	人	巨	人						

國 旗 국기

國 나라 국 + 旗 깃발 기 = 國旗

나라[國]를 상징하는 기[旗]가 國旗이다.

나라를 상징하는 기(한국 : 태극기, 미국 : 성조기).

❀ 다음 밑줄 친 한자어의 독음을 써 보세요.

우리나라 **國旗**는 태극기입니다. (   )

❀ 다음 거꾸로 된 한자의 훈(뜻)과 음(소리)을 써보세요.

훈: [   ]   훈: [   ]
음: [   ]   음: [   ]

❀ 다음 중 밑줄 친 낱말에 맞는 한자어에 ○표 하세요.

각 국경일에는 빠짐없이 **국기**를 내걸어야 합니다.

·	·	·	·
圍旗	國施	圍施	國旗

❀ 다음 빈칸에 한자어의 독음을 쓰고, 한자어를 예쁘게 써 보세요.

| 國旗 | | = | 國 | | + | 旗 | |

각 나라마다 **國旗**를 앞세우고 올림픽 개막식에 입장하였다.

| 國 | 旗 | 國 | 旗 | | | | |

文 具 店　문구점

文 글월 문 + 具 갖출 구 + 店 가게 점 = 文具店

글월[文]과 관련된 것을 갖추어[具] 놓고 파는 가게[店]가 文具店이다.

학용품이나 사무용품 따위를 파는 가게.

❀ 다음 밑줄 친 한자어의 독음을 써 보세요.

학교 앞 **文具店**에는 신기한 물건이 가득하다. (　　　　　)

❀ 다음 거꾸로 된 한자의 훈(뜻)과 음(소리)을 써보세요.

[　　　]　[　　　]　[　　　]
[　　　]　[　　　]　[　　　]

❀ 다음 중 밑줄 친 낱말에 맞는 한자어에 ○표 하세요.

문구점 아저씨는 항상 친절하게 우리를 맞이해 주었다.

文具占　　文具店　　夊具店　　文貝店

❀ 다음 빈칸에 한자어의 독음을 쓰고, 한자어를 예쁘게 써 보세요.

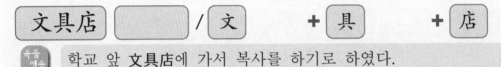

文具店　[　　　]　/　文　+　具　+　店

학교 앞 **文具店**에 가서 복사를 하기로 하였다.

文 具 店 文 具 店

文 樣 문양

| 文 | 글월 | 문 | + | 樣 | 모양 | 양 | = | 文樣 |

무늬[文]의 모양[樣]이 文樣이다.

옷감이나 조각품 따위에 장식으로 넣는 여러 가지 형상.

❀ 다음 밑줄 친 한자어의 독음을 써 보세요.

학용품에도 다양한 **文樣**이 등장해서 우리를 즐겁게 한다. (   )

❀ 다음 거꾸로 된 한자의 훈(뜻)과 음(소리)을 써보세요.

훈: [   ]   훈: [   ]

음: [   ]   음: [   ]

❀ 다음 중 밑줄 친 낱말에 맞는 한자어에 ○표 하세요.

아버지 넥타이는 동물 **문양**이 들어 있어 눈에 띤다.

| 文樣 | 文樣 | 攵樣 | 攵樣 |

❀ 다음 빈칸에 한자어의 독음을 쓰고, 한자어를 예쁘게 써 보세요.

| 文樣 | | = | 文 | | + | 樣 | |

독음연습 이 기와의 **文樣**을 보면 백제인의 숨결을 느낄 수 있을 것 같다.

| 文 | 樣 | 文 | 樣 | | | | | | |

象 徵   상징

象 코끼리 상 + 徵 부를 징 = 象徵

(암기비법) 코끼리[象]를 부르는[徵] 기호가 象徵이다.

(한자풀이) 추상적인 사실이나 생각, 느낌 따위를 기호나 구체물로 나타내는 일.

❀ 다음 밑줄 친 한자어의 독음을 써 보세요.

그 아이는 천진무구의 **象徵**처럼 보였다. (   )

❀ 다음 거꾸로 된 한자의 훈(뜻)과 음(소리)을 써보세요.

   훈: [   ]   훈: [   ]

음: [   ]   음: [   ]

❀ 다음 중 밑줄 친 낱말에 맞는 한자어에 ○표 하세요.

일제의 **상징**인 총독부 건물을 폭파하자 사람들은 환호성을 질렀다.

・	・	・	・
像徵	象懲	象徵	像懲

❀ 다음 빈칸에 한자어의 독음을 쓰고, 한자어를 예쁘게 써 보세요.

象徵		=	象		+	徵	

(독음연습) 우리나라의 **象徵**인 무궁화에 대해 얼마나 알고 있습니까?

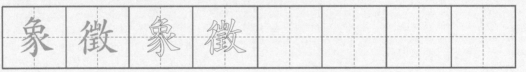

1. 다음 □□안에 알맞은 한자어를 <보기>에서 찾아 써 보세요.

보기	文樣 象徵 國旗 巨人 文具店

클 거 하 여	사 람 인 은	몸 이 크 다		이 고
나 라 국 에	깃 발 기 는	나 라 깃 발		이 며
글 월 문 의	갖 출 구 에	가 게 점 은		과
글 월 문 에	모 양 양 은	장 식 무 늬		이 며
코 끼 리 상	부 를 징 은	기 호 사 물		이 다

2. 다음 한자어에 독음과 알맞은 뜻을 바르게 연결하세요.

① 巨人 • • 문양 • • 옷감이나 조각품 따위에 장식으로 넣는 여러 가지 형상.

② 國旗 • • 상징 • • 학용품이나 사무용품 따위를 파는 가게.

③ 文具店 • • 거인 • • 나라를 상징하는 기(한국 : 태극기, 미국 : 성조기).

④ 文樣 • • 문구점 • • 추상적인 사실이나 생각, 느낌 따위를 기호나 구체물로 나타내는 일.

⑤ 象徵 • • 국기 • • 몸이 유난히 큰 사람.

다시 한번 해 봐요 02

3. 다음 한자어의 독음을 쓰고, 예쁘게 한자로 써 보세요.

① 巨人 　　　　　 巨人 巨人

② 國旗 　　　　　 國旗 國旗

③ 文具店 　　　　 文具店 文具店

④ 文樣 　　　　　 文樣 文樣

⑤ 象徵 　　　　　 象徵 象徵

4. 다음 한자어의 뜻을 쓰세요.

① 文樣 ➡

② 象徵 ➡

③ 巨人 ➡

④ 文具店 ➡

⑤ 國旗 ➡

5. 다음 한자어를 한자를 써서 완성해 보세요.

국 기	문 양	상 징	문 구	거 인
旗	文	徵	文	人

1. 애국가(愛國歌) | 대한민국 국가의 제목.
2. 음식(飲食) | 사람이 먹고 마실 수 있도록 만든 모든 것.
3. 인사(人事) | 사람들 사이에 지켜야 할 예의로 간주되는 것.
4. 전통(傳統) | 과거로부터 관습 등이 현재까지 이어져 내려오는 것.
5. 필요(必要) | 꼭 소용되는 바가 있음.

📍한글로 된 가사를 노래로 부르면 한자어의 뜻이 쉽게 이해돼요.

사 랑 애 와	나 라 국 의	노 래 가 는	애 국 가 며
마 실 음 에	먹 을 식 은	먹 고 마 신	음 식 이 고
사 람 인 에	일 사 이 면	사 람 의 일	인 사 이 며
전 할 전 에	거 느 릴 통	전 해 져 온	전 통 이 고
반 드 시 필	구 할 요 는	꼭 소 용 된	필 요 이 다

📍이제는 한자로 쓰인 한자어 가사도 쉽게 읽을 수 있어요~~^^

사 랑 愛 와	나 라 國 의	노 래 歌 는	愛 國 歌 며
마 실 飲 에	먹 을 食 은	먹 고 마 신	飲 食 이 고
사 람 人 에	일 事 이 면	사 람 의 일	人 事 이 며
傳 할 傳 에	거 느 릴 統	傳 해 져 온	傳 統 이 고
반 드 시 必	求 할 要 는	꼭 所 用 된	必 要 이 다

愛國歌 애국가

| 愛 사랑 애 | + | 國 나라 국 | + | 歌 노래 가 | = | 愛國歌 |

나라[國]를 사랑하는[愛] 노래[歌]가 愛國歌이다.

대한민국 국가의 제목.

❀ 다음 밑줄 친 한자어의 독음을 써 보세요.

愛國歌는 대한민국 국가의 제목입니다. (   )

❀ 다음 거꾸로 된 한자의 훈(뜻)과 음(소리)을 써보세요.

| [   ] | [   ] | [   ] |
| [   ] | [   ] | [   ] |

❀ 다음 중 밑줄 친 낱말에 맞는 한자어에 ○표 하세요.

운동장에 서 있는 학생들은 일제히 태극기를 향해 서서 **애국가**를 불렀다.

| 愛國歌 | 愛國哥 | 受國歌 | 愛圍歌 |

❀ 다음 빈칸에 한자어의 독음을 쓰고, 한자어를 예쁘게 써 보세요.

| 愛國歌 | | / | 愛 | + | 國 | + | 歌 |

정부가 주최한 행사에서 愛國歌를 1절만 부르는 걸까?

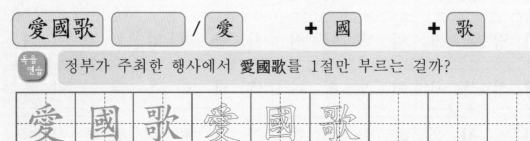

愛 國 歌 愛 國 歌

飮 食　음식

飮　마실 **음** ＋ 食　밥 **식** ＝ 飮食

마시고[飮] 먹을[食] 수 있는 것이 飮食이다.

사람이 먹고 마실 수 있도록 만든 모든 것.

❀ 다음 밑줄 친 한자어의 독음을 써 보세요.

어머니는 주방에서 **飮食**을 장만하시느라 여념이 없으셨다. (　　　　)

❀ 다음 거꾸로 된 한자의 훈(뜻)과 음(소리)을 써보세요.

훈: [　　　　　　　] 　　훈: [　　　　　　　]

음: [　　　　　　　] 　　음: [　　　　　　　]

❀ 다음 중 밑줄 친 낱말에 맞는 한자어에 ○표 하세요.

나는 너무 배가 고파서 아예 허리띠를 풀고 **음식**을 먹기 시작했다.

飮倉	欽食	欽倉	飮食

❀ 다음 빈칸에 한자어의 독음을 쓰고, 한자어를 예쁘게 써 보세요.

飮食 [　　　] ＝ 飮 [　　　] ＋ 食 [　　　]

독음연습　나는 국밥 종류의 **飮食**은 별로 좋아하지 않는다.

飮	食	飮	食					

人 事 인사

人 사람 인 + 事 일 사 = 人事

사람[人]만이 할 일[事]이 人事이다.

사람들 사이에 지켜야 할 예의로 간주되는 것.

❀ 다음 밑줄 친 한자어의 독음을 써 보세요.

순이는 바쁜 일이 있는지 **人事**도 안 하고 나가 버렸다. (   )

❀ 다음 옆으로 된 한자의 훈(뜻)과 음(소리)을 써보세요.

  훈: [   ]   훈: [   ]
                      음: [   ]   음: [   ]

❀ 다음 중 밑줄 친 낱말에 맞는 한자어에 ○표 하세요.

늦었지만 지금이라도 선생님께 **인사**를 가야겠다.

入事	人聿	人事	入聿

❀ 다음 빈칸에 한자어의 독음을 쓰고, 한자어를 예쁘게 써 보세요.

人事 [   ] = 人 [   ] + 事 [   ]

 오랜만에 동네 어르신네들께 **人事**를 드렸다.

人	事	人	事				

傳 統　전통

傳 전할 **전** ＋ 統 거느릴 **통** ＝ 傳統

전해져[傳] 온 계통[統]이 傳統이다.

과거로부터 어떤 사상이나 관습 등이 현재까지 이어져 내려오는 것.

❀ 다음 밑줄 친 한자어의 독음을 써 보세요.

외국인과 결혼한 고모는 한국에 와서 **傳統** 혼례식을 올렸다. (　　　　)

❀ 다음 거꾸로 된 한자의 훈(뜻)과 음(소리)을 써보세요.

훈: [　　　　　]　　　　　훈: [　　　　　]

음: [　　　　　]　　　　　음: [　　　　　]

❀ 다음 중 밑줄 친 낱말에 맞는 한자어에 ○표 하세요.

우리 학교는 빛나는 **전통**을 가진 명문이다.

| 傳統 | 傳統 | 傳銃 | 傳銃 |

❀ 다음 빈칸에 한자어의 독음을 쓰고, 한자어를 예쁘게 써 보세요.

傳統　[　　　] ＝ 傳 [　　　] ＋ 統 [　　　]

독음
연습

우리 집은 **傳統** 한옥의 분위기가 있다는 말을 듣는다.

| 傳 | 統 | 傳 | 統 | | | | |

必 要　　**필요**

必　반드시 **필** ＋ 要　구할　**요** ＝ 必要

(암기비법) 반드시[必] 구해야[要] 하는 것이 必要이다.

(사전풀이) 꼭 소용되는 바가 있음.

❀ 다음 밑줄 친 한자어의 독음을 써 보세요.

이제 와서 그렇게 서두를 **必要**가 있는지 모르겠다. (　　　)

❀ 다음 거꾸로 된 한자의 훈(뜻)과 음(소리)을 써보세요.

훈: [　　　]
음: [　　　]

훈: [　　　]
음: [　　　]

❀ 다음 중 밑줄 친 낱말에 맞는 한자어에 ○표 하세요.

등산 가기 전에는 **필요**한 장비를 잘 챙겨야 한다.

必要　　泌要　　泌栗　　必栗

❀ 다음 빈칸에 한자어의 독음을 쓰고, 한자어를 예쁘게 써 보세요.

必要 [　　] ＝ 必 [　　] ＋ 要 [　　]

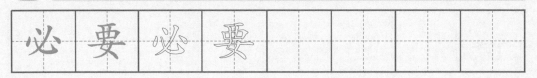

(독음연습) 우리는 학예 발표회에 **必要**한 준비물을 조사했다.

必　要　必　要

1. 다음 ☐☐안에 알맞은 한자어를 <보기>에서 찾아 써 보세요.

| 보기 | 必要　　飲食　　人事　　傳統　　愛國歌 |

사랑 애 와	나 라 국 의	노 래 가 는				며
마 실 음 에	먹 을 식 은	먹 고 마 신			이 고	
사 람 인 에	일 사 이 면	사 람 의 일			이 며	
전 할 전 에	거 느 릴 통	전 해 져 온			이 고	
반 드 시 필	구 할 요 는	꼭 소 용 된			이 다	

2. 다음 한자어에 독음과 알맞은 뜻을 바르게 연결하세요.

① 愛國歌 ・　・ 음식 ・　・ 대한민국 국가의 제목.

② 飲食 ・　・ 인사 ・　・ 사람이 먹고 마실 수 있도록 만든 모든 것.

③ 人事 ・　・ 애국가 ・　・ 사람들 사이에 지켜야 할 예의로 간주되는 것.

④ 傳統 ・　・ 필요 ・　・ 과거로부터 관습 등이 현재까지 이어져 내려오는 것.

⑤ 必要 ・　・ 전통 ・　・ 꼭 소용되는 바가 있음.

3. 다음 한자어의 독음을 쓰고, 예쁘게 한자로 써 보세요.

① 愛國歌 | | 愛 國 歌 愛 國 歌

② 飮食 | | 飮 食 飮 食

③ 人事 | | 人 事 人 事

④ 傳統 | | 傳 統 傳 統

⑤ 必要 | | 必 要 必 要

4. 다음 한자어의 뜻을 쓰세요.

① 必要 ➡

② 傳統 ➡

③ 人事 ➡

④ 飮食 ➡

⑤ 愛國歌 ➡

5. 다음 한자어를 한자를 써서 완성해 보세요.

전	통	음	식	필	요	인	사	애	국
	統		食	必			人	愛	

초등교과서 한자어

평가문제

1학년

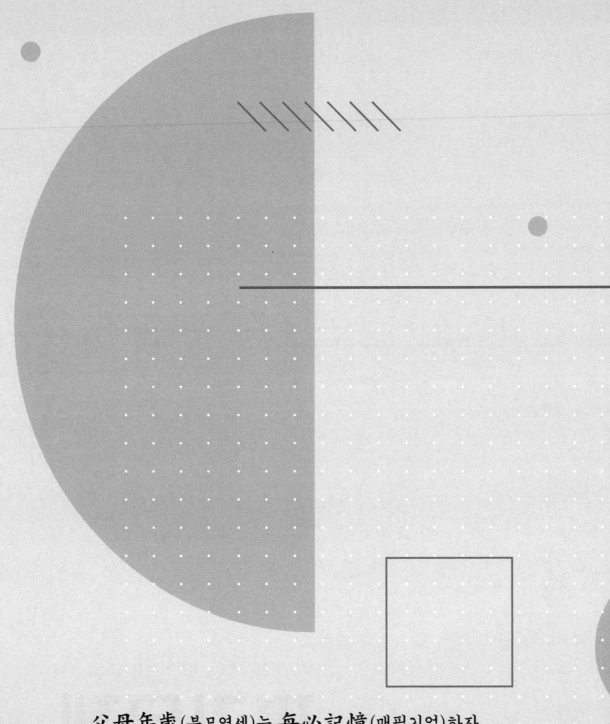

父母年歲(부모연세)**는 每必記憶**(매필기억)**하자**

부모님의 연세(나이)는,
언제나 반드시 기억하자. 《인성보감》

초등교과서 한자어 [1학년] 평가문제지

- (   )학교   • (   )학년   • 성명(   )

[유의사항]

1. 문제지를 받으면, 문제를 정확히 읽고 답을 답안지에 적습니다.

2. 문제지에 학교 이름과 학년 그리고 성명을 정자로 씁니다.

3. '시작' 시간을 확인 후 문제를 풀기 시작합니다.

객관식 [40문항]

■ 다음 한자어와 독음을 바르게 연결하세요.

1. 符號 •　　　　　　① • 모양

2. 印象 •　　　　　　② • 칭찬

3. 役割 •　　　　　　③ • 부호

4. 模樣 •　　　　　　④ • 인상

5. 稱讚 •　　　　　　⑤ • 역할

■ 다음 한자어와 독음을 바르게 연결하세요.

6. 練習 •　　　　　　① • 연습

7. 姿勢 •　　　　　　② • 사진

8. 親舊 •　　　　　　③ • 친구

9. 寫眞 •　　　　　　④ • 자세

10. 確認 •　　　　　　⑤ • 확인

■ 다음 뜻에 맞는 한자어를 <보기>에서 골라 번호를 쓰세요.

보기 | ①先生　②安寧　③正確
④自己　⑤反復　⑥家族

11. 같은 일을 되풀이 함. ………(　　)

12. 바르고 확실함. ……………(　　)

13. 학생을 가르치는 사람. ……(　　)

14. 아무 탈 없이 편안함. ………(　　)

15. 그 사람 자신. ………………(　　)

■ 다음 뜻에 맞는 한자어를 <보기>에서 골라 번호를 쓰세요.

보기 | ①完成　②活用　③色漆
④發音　⑤注射　⑥學習

16. 배워서 익힘. ………………(　　)

17. 충분히 잘 이용함. …………(　　)

18. 말의 소리를 내는 것. ………(　　)

19. 완전히 이룸. ………………(　　)

20. 색을 칠함. …………………(　　)

■ 다음 중 한자어의 독음이 바른 것의 번호를 쓰시오.

21. 比較 ………………………(　　)

① 북교 　　　　　② 북효

③ 비효 　　　　　④ 비교

22. 巨人 ·························· (　　) 　　　■ 다음 한자어의 뜻이 바른 것의 번호
　① 거인　　　② 거입 　　　　　를 쓰세요.
　③ 공인　　　④ 공입 31. 注意 ························ (　　)
　　　　　　　　　　　　　　　① 뜻을 쏟아 내 버림.
　　　　　　　　　　　　　　　② 주사 놓을 때 아픔.
23. 農夫 ·························· (　　)　　　③ 마음에 새겨 두어 조심함.
　① 농천　　　② 신부 　　　　　④ 의견이 서로 같음.
　③ 농부　　　④ 신천

32. 體驗 ························ (　　)
24. 紹介 ·························· (　　)　　　① 직접 경험 함.
　① 초개　　　② 소개 　　　　　② 체육 시험.
　③ 소계　　　④ 초계 　　　　　③ 몸이 아파 시험을 못 봄.
　　　　　　　　　　　　　　　④ 시험 삼아 체중을 잼.

25. 清掃 ·························· (　　)
　① 청소　　　② 정소 33. 順序 ························ (　　)
　③ 청추　　　④ 정추 　　　　　① 질서에 순종함.
　　　　　　　　　　　　　　　② 정해 놓은 차례.
　　　　　　　　　　　　　　　③ 순한 사람만 줄을 섬.
26. 數學 ·························· (　　)　　　④ 질서를 지키면 좋음.
　① 누학　　　② 수각
　③ 누각　　　④ 수학

34. 單元 ························ (　　)
27. 工夫 ·························· (　　)　　　① 어떤 주제나 내용을 묶은 단위.
　① 공천　　　② 공부 　　　　　② 혼자가 으뜸이 됨.
　③ 토부　　　④ 토천 　　　　　③ 홀로 가는 원수.
　　　　　　　　　　　　　　　④ 으뜸이 단 하나 임.

28. 象徵 ·························· (　　)
　① 상미　　　② 장징 35. 感謝 ························ (　　)
　③ 상징　　　④ 장미 　　　　　① 느끼면 사례해야 함.
　　　　　　　　　　　　　　　② 감기 걸려서 사례함.
　　　　　　　　　　　　　　　③ 사례를 받으니 감동함.
29. 國語 ·························· (　　)　　　④ 고맙게 여기는 마음.
　① 국오　　　② 국어
　③ 곡오　　　④ 곡어

36. 精誠 ························ (　　)
30. 飮食 ·························· (　　)　　　① 정으로 주는 마음.
　① 흠식　　　② 음신 　　　　　② 참되고 성실한 마음.
　③ 흠신　　　④ 음식

③ 자세하게 이루어 냄.
④ 성실하게 자세히 봄.

37. **周邊** ····················· ( )
① 두루 가에만 있는 것.
② 주말에는 변두리에 감.
③ 주위가 조용함.
④ 주위의 가장 자리.

38. **實踐** ····················· ( )
① 열매를 따려고 밟음.
② 실제로 행함.
③ 실력으로 밟으러 감.
④ 열매를 따기 위해 행함.

39. **浪費** ····················· ( )
① 물결이 몰려오니 써버림.
② 헛되이 번 돈은 써 버려야 함.
③ 재물과 시간 따위를 헛되이 씀.
④ 쓰고 나면 반드시 벌어들임.

40. **必要** ····················· ( )
① 꼭 소용되는 바가 있음.
② 반드시 이김.
③ 중요한 것은 반드시 해야 함.
④ 구하기 위해 반드시 감.

주관식 [20문항]

■ 다음 밑줄 친 한자어의 독음(소리)을 <보기>와 같이 쓰세요.

> **보기**
> 하루를 <u>一日</u>이라고 한다.
> ·················(일일)

㈜ 1. 우리나라 <u>國旗</u>는 태극기입니다.
·····················(   )

㈜ 2. 어버이 앞에서 <u>飮食</u>을 먹을 때에는 그릇 소리를 내지 말아야 한다.
·····················(   )

㈜ 3. 우리 <u>家族</u>은 화목한 집안이라고 동네에 소문났습니다.
·····················(   )

㈜ 4. 나는 이번 여름 방학 때 농촌 <u>奉仕</u>활동을 남해의 외딴 섬으로 다녀왔다.
·····················(   )

㈜ 5. 다음 <u>說明</u>을 잘 듣고 문제에 맞는 답을 알아맞혀 보세요.
·····················(   )

㈜ 6. 이 도화지에 지금의 마음을 그림으로 <u>表現</u>해 보세요.
·····················(   )

㈜ 7. 국가에서 주최한 행사에서도 <u>愛國歌</u>를 왜 일절만 부르는 것일까?
·····················(   )

㈜ 8. 프랑스 루브르 <u>博物館</u> 소장품을 서울에서 볼 수 있다니 놀랍다.
·····················(   )

주 9. 붙임 카드를 <u>點線</u>을 따라 뜯어서 사용 하세요.

    ·· (   )

주 10. 우리 누나는 검은 색 <u>外套</u>를 좋아합니다.

    ·· (   )

■ 다음 한자어의 독음(소리)을 <보기>와 같이 쓰세요.

보기	一日 (일일)

주 11. 動物 (   )

주 12. 日記 (   )

주 13. 狀況 (   )

주 14. 秘密 (   )

주 15. 農夫 (   )

주 16. 植物 (   )

주 17. 傳統 (   )

주 18. 探求 (   )

주 19. 生活 (   )

주 20. 學校 (   )

☞ 시험문제지와 답안지를 비교하면서 자기 실력을 확인해 보고 스스로를 칭찬하세요. **참! 잘했어요.^^**

<1학년>초등교과서 한자어 평가문제 해답

【객관식 1~40】				【주관식 1~20】	
1	③	21	④	주1	국기
2	④	22	①	주2	음식
3	⑤	23	③	주3	가족
4	①	24	②	주4	봉사
5	②	25	①	주5	설명
6	①	26	④	주6	표현
7	④	27	②	주7	애국가
8	③	28	③	주8	박물관
9	②	29	②	주9	점선
10	⑤	30	④	주10	외투
11	⑤	31	③	주11	동물
12	③	32	①	주12	일기
13	①	33	②	주13	상황
14	②	34	①	주14	비밀
15	④	35	④	주15	농부
16	⑥	36	②	주16	식물
17	②	37	④	주17	전통
18	④	38	②	주18	탐구
19	①	39	③	주19	생활
20	③	40	①	주20	학교

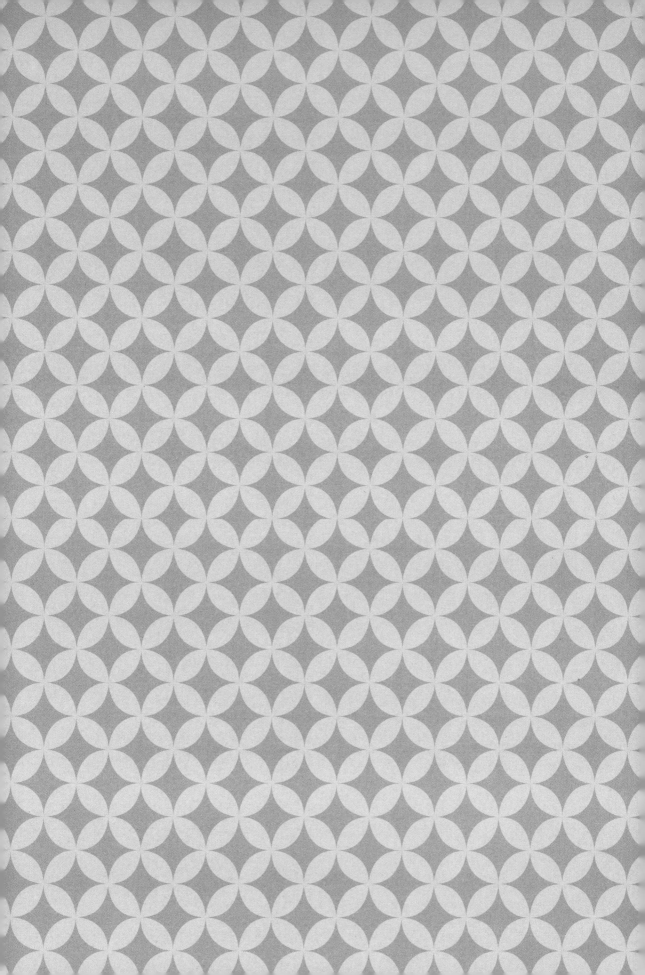

교과서 한자어 1학년